易经中的健康密码

满江　易磊 / 主编

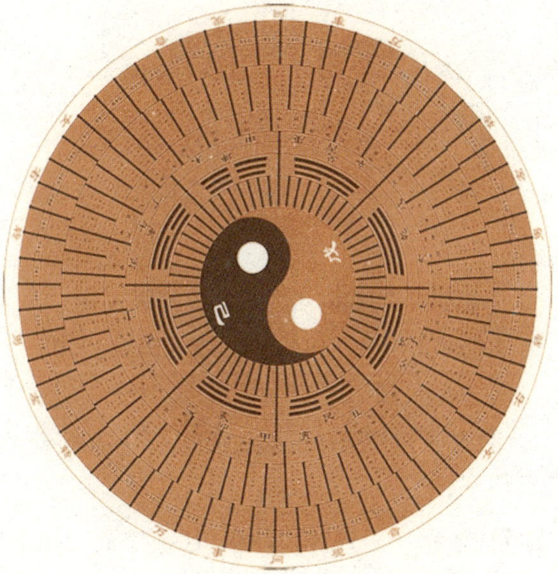

上海科学技术文献出版社

图书在版编目（CIP）数据

易经中的健康密码/满江，易磊主编. 一上海：上海科学技术文献出版社，2013.1

ISBN 978-7-5439-5611-7

Ⅰ.①易… Ⅱ.①满… ②易… Ⅲ.①《周易》一关系一养生（中医） Ⅳ.①B221.5 ②R212

中国版本图书馆CIP数据核字(2012)第272990号

责任编辑：忻静芬

易经中的健康密码

满江，易磊 主编

*

上海科学技术文献出版社出版发行

（上海市长乐路746号 邮政编码200040）

全 国 新 华 书 店 经 销

北京盛兰兄弟印刷装订有限公司印刷

*

开本 710×1010 1/16 印张 16 字数 210千字

2013年1月第1版 2013年1月第1次印刷

ISBN 978-7-5439-5611-7

定价：28.00元

http://www.sstlp.com

前 言

解《易经》密码，揭养生绝学

什么是《易经》，什么是阴阳，什么是太极，什么是八卦？什么是全息原理，什么是天人相应原理，什么是八卦原理，什么是营养平衡原理……这些原理与疾病预测、十二时辰养生、五脏六腑养生、体质养生等有什么内在联系，对我们现实生活有什么样的指导意义？都是养生爱好者要了解的。

对于养生，每个人都能说出一些道道来，比如吃什么，怎么运动，如何用经络养生等，但面对这些养生之法，细心人很容易发现，在纷繁复杂的健康信息中有的说法异曲同工，但有的说法则各执一词，甚至完全对立，使读者无所适从！怎么办？这就需要我们找到一个万变不离其宗的养生之法。

《易经》被称为群经之首，是经典中的经典，众多医家都参照的《黄帝内经》显然只是其在医学方面的体现，《易经》的博大精深，由此可见一斑。

这本《易经中的健康密码》将与百姓生活息息相关的“养生”作为切入点，在对《易经》进行整体介绍的同时，将《易经》的几大原理与中医养生一一对应起来。比如：

从《易经》的“全息”原理，人们就能轻易掌握“疾病的预测”，掌握“心、肝、脾、肺、肾”这些“身体要件”的基本情况；从面与手的全息元中可知道体内脏腑的健康状况。从《易经》的“阴阳”原理中，人们可收获“抗阴保阳防衰老”的养生智慧，掌握延缓衰老的生命密码；从《易经》“八卦”原理中，将人类划分为相对应的“八卦人”，在对每一类人进行“释名”、“体象”、“疾患”三个方面说明的同时，结合气质的影响提出具有针对性的“养生法”；从《易经》的“五行”原理中，掌握与之对应的“五行人”养生之法；从《易经》的导引原理中，我们不仅可以更加深刻地掌握“经络养生之法”，还能对如“食气”、“胎食”、“吐纳”等古老的养生之法有所掌握；从《易经》的仿生原理中，我们还能以平常心向动植物学习养生之道，与现代生活相结合。在介绍鹤、熊、虎、鹿、猿的“五禽戏”时，不仅有“释名”和“功法”的介绍，还特意就每种功法加入了“功效”，方便在练习的时候能够“对号入座”：肺功能不好要练鹤戏，脾胃不好要练熊戏，肾气不足需练习虎戏，肝脏有毛病要练习鹿戏，心神不宁则要练习猿戏；学习青蛙等给我们腹式呼吸养生的启示；而向日葵则告诉我们“闭藏阳气”的养生意义。此外，在对《易经》“天人合一原理”、“损益原理”、“气化原理”等进行介绍的同时，还融入了卓有成效且便于掌握的“四时养生”等方略。

“夫易广矣大矣，以言乎远则不御，以言乎迩则静而正，以言乎天地之间则备矣。”秉承《易经》的博大，同时作为一种文化的传承，本书囊括了传统养生之道、养生之法为人们开辟了另一条直达健康的通道，不仅用“术”传承了养生之法，还以“道”的形式指明了养生方向。

编　者

目 录

YIJING ZHONG DE
JIANKANG MIMA

第一章

《易经》全息原理与疾病预防

《易经》是华夏五千年智慧与文化的结晶，是我国一部最古老而深邃的经典，从本质上来讲，《易经》是一本关于“卜筮”之书。“卜筮”就是对未来事态的发展进行预测，而《易经》便是总结这些预测的规律理论的书，万变不离其宗，利用这些规律，就可以在身体变化中找到疾病根源，预测疾病，防疾病于未然。

第一节

上医治国，八卦全息与未病先防

“上医治国，中医治人，下医治病”，养生之要在于强身健体，而最为基本的就是要防病治病，预防重于治疗。人的疾病能预测吗？如何通过观察人体的某些外在的现象来测定疾病的发生呢？又是通过什么原理预测的呢？《易经》的人体八卦全息理论为我们预测疾病提供了切实可靠的依据。

养生绝学一：早发现，身体本可不生病

全息是什么？通俗地说，全息就是全面的信息。从《易经》的角度来说，就是指小局部包含大整体信息，并可以重演再现原形，由此发展而来的理论就是常说的“全息论”。全息论是认识事物的一种方法，是《易经》预测原理的物质基础。就内容来看，最基本的有两个方面：

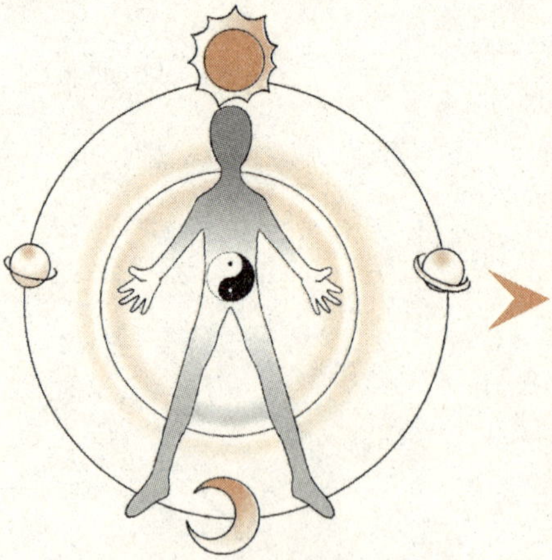

一是每一部分中都包含了其他部分，同时它又被包含在其他部分中；再就是同一个体的部分与整体之间、同一层次的事物之间、不同层次与系统中的事物之间、事物的开端与结果、事物发展的大过程与小过程、时间与空间，都存在着相互全息的关系。

举例说，一粒树种之所以能长成参天大树，就是因为这粒小小的树种里浓缩着所有大树的全部信息。这里，我们就说种子和树之间具有全息对应的关系。这样的全息对应在宇宙天体来看，也是如此。曾有人通过实验发现，从树叶缝透下的阳光折射在别处，光点虽然很小，但始终是圆的，这局部光点反映了太阳的整体外形。而类似的实验如果是在日食时进行的，那么，折射的光点却是残缺的，与日食景象完全一样。而且这样的结果，没有任何空间的限制，在地球上任何地方做都一样，这里光粒子把太阳的全息信息准确地表达出来了。综合起来看，每个生物细胞都能反映宇宙信息，非生物的物质微粒也能反映宇宙信息。

种子和树之间具有全息对应的关系，一粒小小的树种里浓缩着这棵大树的全部信息。这样的信息对应在宇宙天体里，也是如此。

事实上，种子和树以及光粒子和太阳之间的全息对应关系，从人体的受精卵和生命个体的形成来看，也同样是如此。精子和卵子的结合，通过十月怀胎就能成全胎儿的降生，可见，在人体中，一个受精卵包含了男女双方遗传的全部信息，胎儿在母体中发育，生动地再现了整个人类数百万年的演化过程，堪称是令人惊奇的大自然杰作。受精卵和胎儿之间具有全息对应关系，而从胎儿与生命个体的最终形成来看，胎儿既是局部又是整体，所以，胎儿也是人体这个全息中的一个信息元。随着科学的进步，对全息理论的研究也得到了进一步的印证。比如科学家已能将一片树叶中的细胞培植成一棵树，这也说明树的各个部分都含有树的整体信息。不仅如此，科学家已从牛、羊身上任何一个部位取下干细胞进行培育，从而克隆出新的牛和羊来，这同样也说明动物体上各部分和动物整体含有相同信息，这就是全息。从这里我们还能感受到一点的就是全息对应具有层次性。若干个整体和局部的关系才组成了一个更为宏大的整体，而每一个更小的局部与其相应的上一层整体之间具有全息对应的关系。

结合《易经》来看，每一个卦辞都属于《易经》的一个局部，蕴含着《易经》的整体信息，所以，要宏观认识一个整体，就可以考虑从其每一个可以被我们掌控的局部开始。这些能提供认识整体的每一个局部就是一个信息的窗口。八卦、六十四卦辞、三百八十六卦爻辞都是一个个与相应整体对应的信息窗口。其中的层次则是阶梯式的，比如，六十四卦象数系统是天、地、人的全息缩影。此处的六十四卦系统就属于第一级的全息元；而八卦则属于第二级的全息元；乾坤二卦为第三级的全息元；每一卦则为第四级的全息元；每一爻则为第五级的全息元。

从认识上，也不难发现全息论存在这样一个基本规律，即全息元级别越高,与整体的全息相关度就越大,全息元级别越低,相关度就越小。总而言之，六十四卦、八卦、乾坤、阴阳、两仪均储备着五千年文明进化的全部信息，是中国社会、文化及宇宙规律的全息缩影。《易经》博大精深，囊括万物，上通天文，下通地理，中通人事，以其无所不包的终极原理来统摄万物。而且如卦和六十四卦等每一个信息元就像一些营养的浓缩丸剂一样，浓缩了相应整体的全部信息。这也是中医通过人体五官或者其他表象特点就能推知人体脏腑等病变的最根本的理论基础。

箕子装疯躲灾，《易经》测病防祸

《易经》的预测学远远不是很多人所谓的“算命学”，这一点，从《易经》全息原理的介绍也可以看出一些端倪。早在约三千年前的时候，《易经》就已经将八卦和人体脏器进行了明确的对应，即认为“乾为首（头）、坤为腹、震为足、巽为股、坎为耳、离为目、艮为手、兑为口”。

提到《易经》的预测学，有一个非常有名的故事，说的就是箕子善于预测。话说商代纣王时期，有一个看上去很忠厚但却具有很高智慧的大臣名叫箕子，当纣王发布向全国搜罗名匠为其打造象牙筷子的命令后不久，箕子就装疯躲掉了一场灭顶之灾。这是怎么回事呢？纣王找工匠雕琢象牙筷子，怎么就能由此预测到纣王大开杀戒的结局呢？原来，大臣箕子早把一切看在眼里，雕琢象牙筷子事小，但箕子知道，当纣王

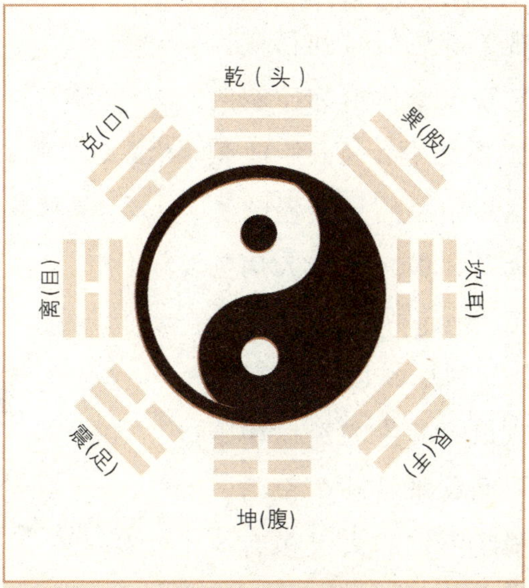

八卦与人体脏器对应图

觉得自己用竹筷不配自己的身份，做好象牙筷子以后，纣王必定也会觉得那些碗不配这个象牙筷子，肯定又会让人去做金杯玉碗；有了金杯玉碗，纣王肯定会觉得自己的服饰需要提升一个档次，丢弃了麻布衣服，换上锦绣衣袍之后，纣王还会觉得穿得好，也要住得够漂亮，所以，必定大兴土木，而这一切都有赖于对民脂民膏的搜刮。豪华宫殿修好之后，必须还得有绝世的珍奇珠宝等配应才会有所满足，所以，接下来要做的就是一次又一次地去侵犯别的国家来满足他不断增长的欲望。而这些行为在被忠臣所不容的时候，纣王接下来要做的就是大开杀戒。后来的结果证明，纣王所作所为基本上与箕子所“预测”的如出一辙。所以，在比干被掏心之后，箕子就知道，纣王要大开杀戒了，他因此装疯躲过了一劫。

这样一个典型的“见微知著”的事例就告诉我们，早在《易经》成书之初，就非常重视预测思维的探究。大到君王的国家行为，小到人体的健康疾患，莫不是如此，都有一个由小到大的过程。所以，这里要警醒式地告诉大家：所有贻害人体健康的病患，往往都是人体自身忽视了疾患信号的存在，忽视了身体给你拉响的警报信号，而在日积月累中，病患慢慢“长大”，最终成为大病甚至“绝症”的。

这里，以现在很多人最容易生的炎症和脾胃问题来做一个说明。爱吃火锅的人大多有这样的经历。即口舌上总爱生一点小疮，当然，这个时候，如果不是属于那些特别爱美人士的话，一般都很少有人去搭理它，长就长呗，过一段时间自然就没有了。所以，这类人在日常生活中该吃还吃，该喝还喝，渐渐地，他们会发现自己大便秘结的情况变得频繁起来。此时，很多人会习惯性地认为，就是天太热太干，没事，就是喝水太少，只要咕咚咕咚多喝点水就没问题了，但却事与愿违。健康疾患逐步在忽略中升级，时至此段，已经是很多人有急性阑尾炎的情况出现了，为什么，这跟炎症开始挂上钩了呢？很简单，肠子太热了，火气太重了，热毒就变成疮痈了。其实，很多人容易患上扁桃体炎、阑尾炎，其当初往往都是因为没有很好地注意饮食造成的。热的东西逐渐集聚以后，就会化火，然后就发生炎症。所以，吃什么东西，到底该如何选择，不能是“我喜欢”，而应该改变观念，要逐渐针对养生说“我需要”。

再说说脾胃问题，这也是日常生活中比较常见的问题。即使是病从口入，除非特殊的体质或者是碰到了什么毒药之类的东西，就食物的角度来看，并非一上来就会有什么脾胃的问题，它也是一个渐进的过程。天热了，很多人喜欢吃点寒凉的东西，觉得畅快，有人甚至冰冷的食物在口里转圈圈也还经常吃。长期如此身体肯定垮。就其过程来看，刚开始会出现一种“不舒服”的感觉，渐渐就会间或地出现肚子疼痛，这个时候，如果还是置若罔闻、不加理睬的话，就会出现阳虚的情况，这个时候会有什么样的表现呢？起早床，每天到天刚刚亮的时候就会拉肚子。

从上面对于温热和寒凉的说明大体就可以感知到一点：疾患的生成是渐进的。就吃凉的东西而言，肚子不舒服是胃稍寒，此时如果用水泡点姜和肉桂，预防阳虚，

把寒给去掉就什么事都没有了。如果任由其发展下去，继续放纵自己，就很容易导致脾阳虚，出现腹冷便溏的典型症状，炎症的逐渐升级同样也印证了这一点。从这里大家很容易知道，疾病要发生的每一个阶段，身体相应的症状表现实际上就是疾病的一次警报启动，只不过在被一次次忽视、身体倒下的时候，往往已成为了顽疾的“晚期”。这也是现在很多人都不明白，为什么有的人看上去年纪轻轻的，身体似乎也很棒，但突然就听说得了什么病症撒手人寰的道理所在。

尤为值得一提的是，舌、手、脚和脑四个方面要是出现什么问题的话，绝对不能忽视。中医学认为：舌是心脑的信号，手是第二个心脏，脚是第二个脑，这四个部位出现任何症状，都要将其视之为是身体启动了“一级警报”。老年人出现这样的情况，就需要警惕是否是脑血管阻塞入侵健康了。

皮肤痛邪在肺，来自身体的警讯

所谓“有诸内者，必形诸外”，通俗地说，就是内在要有什么变化的话，总会通过各种形式在外在体现出来。就身体疾患的预测来看，就是指体内任何的变化，都会遵循内外相袭的整体性规律，通过外在表现显露于人的体表。《灵枢·外揣》中说的“司外揣内，司内揣外”说的也就是这个意思。中医诊断学的所谓“司揣”，既是对“形诸外”进行“诊”查、度量揣测的过程，又是通过必需的诊断手段，对“有诸内”进行外化，以确定病因的过程，其具体方法不外“望、问、闻、切”。通过对必形诸外的表象“司揣”，不仅能推断人体内的情况，而且，通过对“有诸内”的“司揣”还可使人体内部的变化反映于躯体以外，确定病变的部位之所在。

但这样的认识是建立在科学的、辩证的、全面认识基础之上，而不是狭隘的、片面的、单一的认识层面上。首先会涉及的一个问题就是，对外与内的认定。显然，这里的“外”并非简单指通常意义上的身体之外在，即体表。而应该从更广泛的意义上来看。外与内相对，表与里相对。从这样一种对照中，大家就能发现，“外”至少应该有两个方面的含义，一是人们通常认为的同一体的表层，如外表的“外”，这里的“外”相对于整体的局部概念。就疾病预测，举例说，风寒感冒，有风寒于内，就可能有“无汗”或“发热”等症状表现于外；另一个方面则是指参照物之外的所有的其他外部世界，如院墙外之“外”，即可以广泛地认为是院外所有的各个部分。自然，从这里形诸外之“外”就可以看做是体外之“外”，包括身体外部的环境、气候等各个方面。举例说，肺结核初期，结核菌蚀肺于其内，我们就可以通过X线检查，使损伤的肺脏显现于外，这里的“外”就是体表以外，甚至是在借助现代仪器基础上的“外”，是被外化的人体肺脏。

无论是从中医的全息意象来看，还是从内外病变的具体体现来看，都会因为各种因素的存在，而使其有不同的体现，如同样的内部病症，体质不同，体表的病症表现也不一样，如果是身处湿热之地，也会不同。因此，本质上尽管“有诸内必形诸外”的说法，但从现象表现的角度来认识，却可能导致另外一个结果：即“有诸内”就未必“形诸外”。

显然，从上面对内外的理解，大家知道这并不矛盾。机体内部有了病变，外部确实可以见到相应的证候，即“有诸内者”确实就“形诸外”了。《灵枢·五邪》中说“邪在肺，则病皮肤痛，寒热，上气喘，汗出，咳动肩背”，这时候，“有诸内必形诸外”得到了最为充分的体现，深藏于人体内部的五脏六腑和头面四肢、五官七窍等体表组织及器官通过经络而密切地联系着，体内脏腑的各种生理功能和病理变化都可以通过经络作用反映到体表，所以，这时候就出现了临床上常说的“有证可辨”。还有一种就是尽管内在本质是一样的，但外在却有很明显的差异。《伤寒论·辨少阴病脉证并治》就说：“少阴病，下利清谷，里寒外热，手足厥逆，脉微欲绝，身反不恶寒，其人面色赤，或腹痛……通脉四逆汤主之。”其中的“里寒外热”指的就是内有真寒而外有假热，而“身反不恶寒”的一个“反”字则明确地指出此证的内外相左。此外，还包括“有诸内者，似不形诸外”的情况，这实际上也并非是传统的医理有什么错误，而是由于时间或其他原因在体表暂时见不到任何证候或者信息较零散、隐晦，且多为一时性的、非特征性的、不足以构成明确的病证，因而还不能通过人体的望、闻、问、切等得以诊断，即出现表面上的“无证可辨”。这就会出现现在很多人出现的问题，周身不舒服，但去检查时什么病都没有，事实上，这个时候的“无证”并不代表“无病”。如脑卒中（中风）前期，多数人只有一些手足麻木、一时性语言不利等单一的外在表现，若不加以重视，及时诊治，则会失去救其萌芽的机会，延误病情，甚至酿成不良后果。从中医学的角度来看，往往需要做一些气血上的调理和采用经络保健等方法。

当然，“有诸内必形诸外”还有一种情况，则是最容易被人们所忽略的，也是现在亚健康人群最应该引起注意的一点，即“外滞后于内”。意思是很多的病症侵袭机体后并不马上发病，而是有一段“潜伏期”，在此期间，病人无自觉症状，医者也诊察不到任何证候，身体跟常人没有什么区别，日常生活也是该吃时吃，该喝时喝，工作也能如常，但实际上，这个时候就属于典型的“疾病潜伏期”，是“小病长大”的时候。此时，若不加以重视，那么，待到“有证可辨”时，病症恐怕已到了中晚期，到时候怕是无力回天了，只能听天由命了。很多人正值顶天立地时便撒手人寰，事实上，也多是由于对“外滞后于内”认识不足造成的悲剧。

第二节

由表及里，中医观外相知健康状况

《易经》的全息原理告诉人们：同一体内部也存在全息对照的关系。结合预测功能，那么，如何才能结合人体将这种预测的功能转化为现实呢？“诸于内者，形于外”为人体进行疾病预测提供了思维方式，而最终形成的中医意象观，则将《易经》全息原理与身体“要件”心、肝、脾、肺、肾等紧密联系起来。通过其对应关系，就能从中一窥脏腑的内在健康状态。

心为君主之官，中医意象与心盛衰

心是生命的根本，是神安居之所，其荣华表现在面部，其充养在血脉，为阳中之太阳，与夏气相通。从中医学的角度可以进一步明白其中的道理。心为君主而属于阳，阳主生，是万物得以生化的根本，所以说心为生之本。

（1）中医意象：心之体在脉

心对应的体是血脉，心合脉，即是指全身的血脉都属于心。从解剖学的角度看，心像一个水泵，把血液散布到全身，脉搏的跳动与心跳的频率相当。临床流行学研究证明："血瘀症"随年龄的增长，发病率增高，中老年人"血瘀症"发病率高达56.3%，而且"血瘀症"是多种疾病的背景性疾病。

所谓淤血是指血液运行不畅，有所停积；二是指由于血液成分或性质的异常变化，引起血液运行不畅，通常谓之"污血"；三是指由于脉络的病变而造成的血行瘀滞不畅，即所谓"久病入络"；四是指已离静脉而未排出体外的血液。由此可见"血瘀症"涉及面甚广，波及全身各系统各器官。早在《黄帝内经》中就有恶血、留血、衃血等名称，认为当气血的运行发生障碍时，就会导致疾病的发生。故《素问·调经论》说："血气不和，百病乃变化而生。"

（2）中医意象：心之窍在舌

《灵枢·脉度》说："心气通于舌，心和则舌能知五味矣。"不仅如此，通过直接察知气血的运行和判断心主血脉的生理功能。这是为什么呢？心开窍于舌，舌为"心之苗"，也就是说，舌是心的外候。如果心的功能正常，则舌体红润、灵活，味觉灵敏，说话流畅清晰。若心阳气不足，则舌质淡白；心火上炎则舌红生疮；若心血瘀阻，则舌质暗紫或有瘀斑；心主神志的功能异常，则舌卷或失语等。

（3）中医意象：心之液在汗

《素问·阴阳别论》说："阳加于阴谓之汗"。吴瑭《温病条辨》也说："汗也者，合阳气阴精蒸化而出者也。"汗液的排泄，有赖于卫气对腠理的开阖作用：腠理开，则汗液排泄；腠理闭，则无汗。心之液为汗，是指津液通过阳气的蒸腾汽化后从汗孔排出的液体。由于"汗血同源"而血又为心所主，故有"汗为心之液"之称。

（4）中医意象：心之华在面

"心者，其华在面"。对此得多说两句。中医学认为，内脏的很多东西是可以通过外象"看"出来的。很明显，《黄帝内经》在《素问·六节藏象论》中的这句话说得很清楚，其中的"华"就是花朵，可以引申为体现健康的象，心的外象是面，即脸色。也就是说，人的脸上是否光鲜有光泽就与心的健康有关系。心健康，人的脸色就会显得润

泽。值得提醒的是，很多人会认为脸色红润就很健康，这里，不排除拥有红润脸色的人是健康的，但却不是脸色红润的人都一定健康。比如，

如果气色“红润”，同时还伴随有灼热、发痒、红肿，那可能就不是健康色，而是拉响了红色警报。肌肤出现“红色”，应该说是肤色警报中最普遍的。除了天生是热盛体质外，肌肤发红最普遍的原因是外界环境诱发的过敏反应。其背后隐含的问题可能出在肌肤营养不足、自身抵抗力的严重下降；而外在诱因很多，除了我们经常在吃了辣食以后能感觉脸热发红外，还有如失眠、熬夜等也会引起脸色发红。其实这一点对于现代人来说大多也不陌生，加班和夜生活的丰富使得很多人都有了一些体会，到了夜里没有倦意反而还有一种莫名的兴奋，其实，这往往是健康开始出问题的预报。

（5）中医意象：心之志在喜

《素问·天元纪大论》说：“人有五脏化五气，以生喜、怒、思、忧、恐。”可见，人对外界信息的刺激而引起的情志变化，是由五脏的生理功能所化生的。心在志为喜，是指心的生理功能和精神情志的“喜”有关。喜有正邪之分，正则散布于宇内，邪则伤神。如《灵枢·本神》说：“喜乐者，神惮散而不藏。”可见，过喜则会过度外散而耗损神气。

肝为将军之官，中医意象与肝盛衰

肝是罢极之本。罢极，是什么意思呢？罢，胜的意思，一说为雌熊，用来比喻肝有一种任劳而勇悍之性。不仅如此，肝还是藏血的地方，与身体各脏器密切相关联，其荣华表现在爪甲，而充养的组织表现在筋，可以生血养气，其味酸，其色多苍青，又因为肝脏应春，具有少阳的生发之性，所以，称其为阳中之少阳，与春气相通。

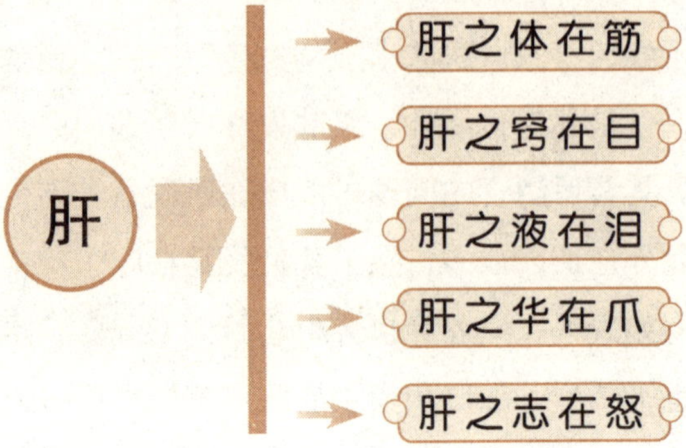

（1）中医意象：肝之体在筋

肝在体对应的是筋。《素问·五藏生成》说：“诸筋者，皆属于节。”可见，筋附着于骨而聚于关节，是联结关节、肌肉的一种组织。《素问·经脉别论》说：“食气入胃，散精于肝，淫气于筋。”肝的血液充盈，才能养筋；筋得其所养，才能运动有力而灵活。如果肝的气血衰少，筋膜失养，则表现为自然筋力不健，运动无力，所以《素问·上古天真论》说：“丈夫……七八，肝气衰，筋不能动”。此外，肝的阴血不足，筋失所养，还可出现手足震颤、肢体麻木、屈伸不利等症。故《素问·至真要大论》说：“诸风掉眩，皆属于肝。”

（2）中医意象：肝之窍在目

《素问·脉要精微论》说：“夫精明者，所以视万物，别白黑，审短长。”可见，在古人那里目又称“精明”。之所以“肝开窍于目”，一方面肝的经脉上联于目系，眼睛的视力好否，有赖于肝气之疏泄和肝血之营养，所以，《素问·五藏生成》说：“肝受血而能视。”《灵枢·脉度》也说:肝气通于目，肝和则目能辨五色矣。”由于肝与眼睛有着非同寻常的密切关系，因而肝的功能是否正常，往往可以从眼睛上反映出来。如肝风内动，则可见目斜上视；肝之阴血不足，则两目干涩或夜盲；肝经风热，则可见目赤痒痛；肝阳上亢，则头目眩晕等。

需要说明的是，不仅肝与眼睛有联系，《灵枢·大惑论》说：“五脏六腑之精气，皆上注于目而为之精。精之窠为眼，骨之精为瞳子，筋之精为黑眼，血之精为络，其窠气之精为白眼，肌肉之精为约束，裹撷筋骨血气之精而与脉并为系，上属于脑，后出于项中。”可见，眼睛与五脏六腑都有内在联系。

（3）中医意象：肝之液在泪

《素问·宣明五气》说：“肝为泪。”为什么会这样呢？因为肝开窍于目，泪从目出，故泪有濡润眼睛、保护眼睛的功能。在正常情况下，肝的阴血不足则泪液的分泌不足，而在肝经湿热等情况下，则多有迎风流泪等症。

（4）中医意象：肝之华在爪

《素问·五藏生成》说：“肝之合筋也，其荣爪也。”爪，即爪甲，包括指甲和趾甲，肝血的盛衰，可影响爪甲的色泽、纹路等。肝血充足，则爪甲红润光泽；若肝血不足，则爪甲软薄，枯而色夭，甚则变形脆裂。

（5）中医意象：肝之志在怒

《素问·举痛论》说：“怒则气逆，甚则呕血、飧泄，故气上矣”。由于肝主疏泄，阳气升发，为肝之用，故说肝在志为怒。肝在志为怒，所以，一般不要发怒，以免气血上逆，阳气升泄太过，而应了“怒伤肝”之说。

脾为谏议之官，中医意象与脾盛衰

脾是仓廪之本，为营气所居之处。其荣华在口唇四旁的白肉，其滋养在肌肉，其味甘，颜色是黄的，脾居中焦大腹，交通上下，可以使周身之气得以升降往复，为阴中至阴。而中医在强调局部是整体一部分的同时，同样从局部对于整体的意义也作了辩证的认识，中医的“象”学就是这样的明证，即五脏虽然在身体的内部运化，但很多时候从外部就能看出其运化的状态，很大程度上，中医所采用的“望、闻、问、切”的诊疗方法就是“象”的一种运用。

（1）中医意象：脾之体在肉

《素问·痿论》说：“脾主身之肌肉。”可见，脾之体象合肌肉、主四肢。先说四肢吧。若将身体看成一棵树的话，那么，处于人体“形之中心”的是腰、腹、胸，头等为躯干，所谓的“中立”为干，自然，手与脚则是“树”之枝梢，是人体之末，故又称“四末”。当然，并不因为是“枝梢”就不需要滋养，甚至，正因为是偏僻的“枝梢”，反而更需要关怀，更不该被冷落，需要脾胃运化的水谷精微等营养，以维持其正常的生理活动。《素问·阴阳应象大论》说“清阳实四肢”，可见，四肢的营养输送，全赖于清阳的宣发与升腾，正因如此，人们有时候会说一句话就是“四肢无力”，为什么四肢会无力？实际上是脾气健运失常，清阳不升，布散无力，则四肢的营养不足，可见倦怠无力，甚或萎弱不用。所以《素问·太阴阳明论》说：“四肢皆禀气于胃而不得至经，必因于脾乃得禀也。今脾病不能为胃行其津液，四肢不得禀水谷气，气日以衰，脉道不利，筋骨肌肉皆无气以生，故不用焉。”即是说明四肢的功能正常与否，与脾的运化水谷精微和升清功能是否健旺密切相关。

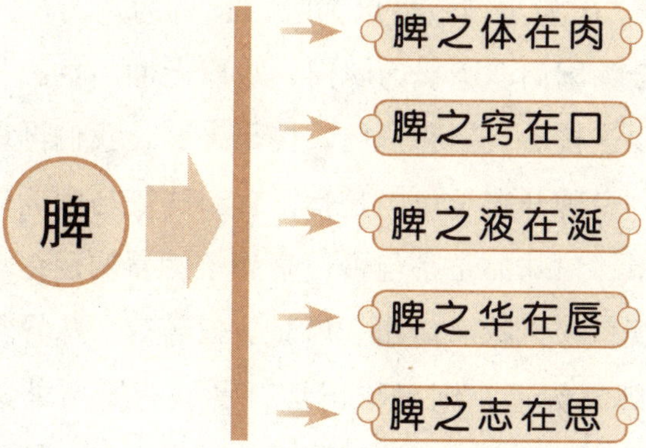

此外，脾之合肌肉。《素问·五藏生成》：“脾主运化水谷之精，以生养肌肉，故主肉。”这里说得很明白晓畅，人体肌肉的健实与否，与脾胃的运化功能相关，这也是《素问·痿论》所说“治痿独取阳明”的主要依据。即脾胃的运化功能障碍，必致肌肉瘦削，软弱无力，甚至萎弱不用。因此，那些喜欢练肌肉的人则要注意这一点了。因为脾胃为气血生化之源，全身的肌肉都需要依靠脾胃所运化的水谷精微来营养，才能使肌肉发达丰满，臻于健壮，才能让你如愿以偿。

也正是这两方面的原因，一些富有养生经验的人在参与谈判等活动的时候，一握手就知道了对方“底细”，身体之不支，是一个人心力不足的表现，而现代人做事业很大程度上就是跟人打交道。所以，为了不让自己的“底细”暴露，回避和掩饰都不是办法，因为只有营养充足，脾气健运，四肢才会活力十足。

（2）中医意象：脾之窍在口

脾开窍于口，口腔是消化道的最上端。我们都知道，食物的摄入一般都要经过唇、齿，然后从口腔进入食管，经胃和肠的消化运动，吸收其精微，将糟粕从肛门排出体外。从整个消化道来说，共有七道关隘，《难经》称之为“七冲门”。《难经·四十四难》说：“七冲门何在?唇为飞门，齿为户门，会厌为吸门，胃为贲门，太仓下口为幽门，大肠小肠会为阑门，下极为魄门，故曰七冲门也。”可见，脾开窍之“口”至少连接着飞门和户门。接下来，让我们再来看看开窍于口是什么意思。说脾开窍于口，是指饮食口味等与脾运化功能有密切关系。换句话说，口味的正常与否，全赖于脾胃的运化功能。若脾失健运，则可出现口淡无味、口甜、口腻、口苦等口味异常的感觉，从而影响食欲。脾胃健运，则口味正常，食欲有所增进。所以《灵枢·脉度》说：“脾气通于口，脾和则口能知五谷矣。”说到食欲的增进，很多人喜欢吃甜食，认为甜味益脾，这并没有错，但多食甜又伤肾，会令人气闷、骨骼酸痛、毛发脱落。因为脾属土、肾属水、土克水之故。

（3）中医意象：脾之液在涎

脾在液为涎，涎为口津，唾液被人们俗称为口水，为无色、透明、有泡沫、稍混浊的液体。唾液分泌量和尿量相似，平均每日约为1500毫升。其中,颌下腺约占62%,腮腺约占25%,舌下腺约占3%,小唾液腺的分泌量低于10%。虽然现代很多人将其看做是不洁不雅之物，但在古代唾液却被称为“金津玉液”。研究发现，人的唾液中含有许多有益于人体健康的物质，所以，从养生的角度出发，每天吞咽自己的唾液可以祛病延寿。这一点，甚至被人们本能地在加以利用，比如，很多小孩子都知道，手上出现了一个小口子，就吐点口水抹一抹，结果发现，伤口不但没有感染，反而愈合了。这是因为唾液中含有唾液淀粉酶、溶菌酶、舌脂酶、免疫球蛋白A、乳铁蛋白、富含脯氨酸的蛋白质、激肽释放酶、血型物质生长因子、过氧化物酶、黏蛋白、钠、钾、钙、镁等物质。这些物质不仅具有消化食物、杀菌、抗菌、保护胃黏膜等作用，还能促进人体细胞的生长分裂，缩短皮肤伤口的愈合时间，具有保护皮肤弹性的功能。《素问·宣明五气》说“脾为涎”，故有涎出于脾而溢于胃之说。在正常情况下，涎液上行于口，但不溢于口外。若脾胃不和，则往往导致涎液分泌急剧增加，而发生口涎自出等现象，故说脾在液为涎。因此，一个人若是口水外流，除了注意口腔清洁等原因外，还需要考虑脾是不是处于不健运的状态。

一个人若是口水外流，除了注意口腔清洁等原因外，还需要考虑脾是不是处于不健运的状态。

（4）中医意象：脾之华在唇

《素问·五脏生成》说："脾之合肉也，其荣唇也。"所以，口唇的色泽是否红润，不但是全身气血状况的反映，而且也是脾胃运化水谷精微的功能状态的反映。口唇的色泽，与全身的气血是否充盈有关。所以，这里要奉劝那些涂抹口红的朋友，如果对自己口唇之本色不满意，由于工作的原因淡淡地涂抹一下，于人是一种尊重，于自我是一种美丽的展现，但是，这些都只是表面工作，更为重要的是你需要考虑你的脾是否安好。

（5）中医意象：脾之志在思

《灵枢·本神》说："因志而存变谓之思。"脾在志为思，即思考、思虑。思，虽为脾之志，但也与心主神明有关，故有"思出于心，而脾应之"之说。思作为人体意识思维活动的一种状态，对机体的影响大多是积极的，但在思虑过度、所思不遂等情况下，就会影响机体的正常生理活动，导致气滞和气结，所以《素问·举痛论》说："思则心有所存，神有所归，正气留而不行，故气结矣。"从影响脏腑生理功能来说，最明显的是脾的运化功能，由于气结于中，影响了脾的升清，所以思虑过度，常能导致不思饮食、脘腹胀闷、头目眩晕等症。

肺为宰相之官，中医意象与肺盛衰

肺是气的根本，为魄所居之所，其荣华表现在毛发，其充养在皮肤，是阳中之阴，与秋气相通。肺不仅可以通过气机的运动来调节血液等的疏布，还可以主气和行水等。那么，肺作为五脏之一，在中医意象中又有怎样的表现和"诉说"呢？

（1）中医意象：肺之体在皮

《素问·五脏生成》说："肺之合皮也，其荣毛也。"肺对应的体象为皮毛，包括皮肤、汗腺、毛发等组织，是一身之表。尽管人体的皮毛不能和一些动物的皮毛相提并论，但很多时候其具有的疏泄、护卫等功能却大体是相当的。人体的皮毛仍然是抵御外邪侵袭的屏障。当然，尽了义务，理所当然该得到滋养，人体皮毛也不例外，它们依赖于卫气和津液的温养和润泽。正是从这一层关系上，我们不难看出两者的因应变化的关系。即肺气虚，宣发卫气和输精于皮毛的生理功能减弱，则卫表不固，抵御外邪侵袭的能力就低下，可出现多汗和易于感冒，或皮毛憔悴枯槁等现象；而肺的生理功能正常，则皮肤致密，毛发光泽，抵御外邪侵袭的能力亦较强。

（2）中医意象：肺之窍在鼻

《灵枢·脉度》说："肺气通于鼻，肺和则鼻能知臭香矣。"可见，肺开窍于鼻，鼻与喉相通而结于肺，所以外邪袭肺，多从鼻喉而入，其症也多见鼻、喉的证候，如鼻塞、流涕、喷嚏、喉痒、音哑和失声等，故有"鼻为肺之窍"、"喉为肺之门户"的说法。

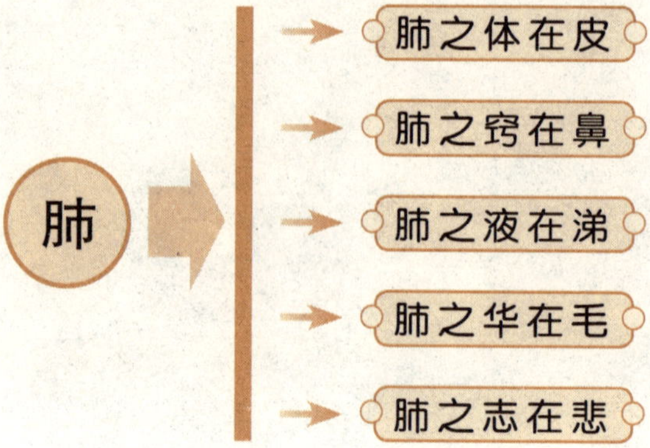

从胃经的走向来看，其起于鼻，交于鼻根，所以鼻子的外形是归属于脾胃的，但鼻孔的主要功能是呼吸，而肺主气，所以鼻孔归肺管。对于鼻子，很多人可是有些偏心眼，他们认为鼻腔内有一层又薄又嫩的黏膜也就够了，但前部那些黑毛却是很多男性朋友不愿意接受的，往往将其剪掉，殊不知，它能阻挡空气里的灰尘杂质。用手挖鼻孔也是一种错误的做法，指甲很容易挖破鼻黏膜，易使黏附在指甲上的细菌侵入鼻黏膜，引起发炎出血，甚至化脓。而如果鼻腔里的细菌侵入颅腔，引起感染化脓，危及的还可能是生命。所以，鼻腔是呼吸系统的第一道“防线”，挖鼻孔就等于在挖自己健康的“墙角”，这一点不仅是小孩要注意，成年人也不能忽视。

（3）中医意象：肺之液在涕

《素问·宣明五气》说：“五脏化液……肺为涕。”肺在液为涕。正常情况下，人的鼻腔黏膜时时都在分泌黏液，正常人每天分泌鼻涕约数百毫升。那么，这些鼻涕都到哪里去了呢？主要是顺着鼻黏膜纤毛运动的方向，以湿润鼻腔黏膜，湿润吸进的空气，并黏住由空气中吸入的粉尘和微尘及微生物，还有一部分流向鼻后孔到咽部，加上蒸发和干结，一般就看不到它从鼻腔流出了。若肺寒，则鼻流清涕；肺热，则涕黄浊；肺燥，则鼻干。

这里要提示一点的是，生活中很多人擤鼻涕的方法是不对的，即将嘴闭住，将两鼻孔强硬塞住，在深吸一口气后，用强大的压力将其驱赶出来，这往往会使鼻旁窦内鼻涕不易擤出，而进入咽鼓管造成中耳炎。正确的方法是在鼻子通畅的情况下，按住一侧鼻孔，一侧一侧地擤出。

(4) 中医意象：肺之华在毛

肺之外象是皮毛，皮毛都有细小的毛孔。唐容川在《医经精义》中指出，皮毛亦有“宣肺气”的作用。可见，通过皮毛不仅可以排泄由津液所化之汗液，实际上还可以随着肺的宣散和肃降进行体内外气体交换。中医学中把汗孔称作“气门”，这是因为汗孔是阳气散泄的门户，《素问·生气通天论》有曰：“故阳气者，一日而主外……日西而阳气已虚，气门乃闭。”所以，肺气不宣时，会引起腠理闭塞、卫气郁滞等病理变化。反过来，外邪侵犯皮毛，腠理闭塞，卫气郁滞的同时，肺也往往会出现肺气不宣。

(5) 中医意象：肺之志在悲

《素问·阴阳应象大论》说：“在脏为肺……在志为忧。”可见，肺在志为忧。而忧和悲都会耗损气，二者的关系可以从《素问·举痛论》中看出，其曰：“悲则气消……悲则心系急，肺布叶举，而上焦不通，营卫不散，热气在中，故气消矣。”由于肺主气，所以悲忧易于伤肺。反之，在肺虚时，机体对外来非良性刺激的耐受性就会下降，而易于产生悲忧的情绪变化。

肾为作强之官，中医意象与肾盛衰

肾主蛰伏，是封藏精气的根本，为精所居，其充养在骨，因为肾居下焦属阴，其功能特性以藏精为主，这一点与冬季养藏相应，故少阴当作“太阴”。从肾的生理功能我们可以看出肾精的盛衰决定了体表之象，那么，这些表象是一个怎样的对应关系呢？

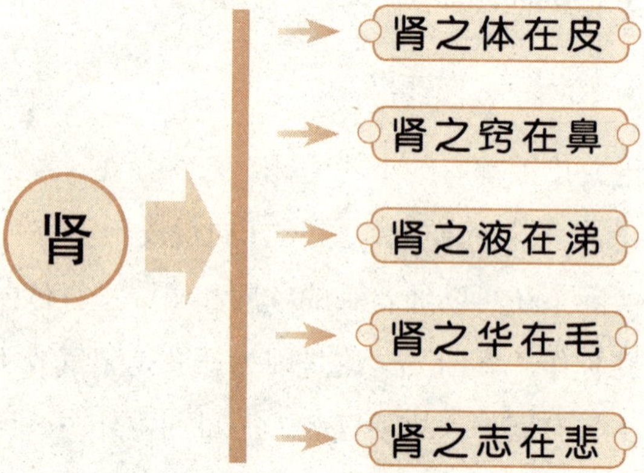

（1）中医意象：肾之体在髓

肾在体为骨。《素问·阴阳应象大论》说：“肾生骨髓”；《素问·六节藏象论》说肾“其充在骨”，都是说肾中精气充盈，才能充养骨髓。

尤为值得一提的是，《黄帝内经》有“齿为骨之余”之说，所以，牙齿属于骨头的一种，归属于肾统管，因此，如果一个人牙齿早早就脱落了，说明肾精不足，需要注意肾虚的问题。除此之外，一个人在洗澡或者在寒风中常有打哆嗦、打喷嚏等现象，这多是肾寒所致。按中医的观点来看，打喷嚏实际上是身体在通过自身组织实现自我“赈灾”的行为，是通过打喷嚏这样的方式，将肾之阳紧急调出来，以驱寒御邪，所以，打喷嚏是肾寒的象征。

（2）中医意象：肾之窍在耳

肾有肾阴和肾阳，所以《素问·阴阳应象大论》里讲肾是开窍于耳，《灵枢》也有：“肾气通于耳，肾和则耳能闻五音矣”之说，所以一个人的听觉灵敏与否，与肾中精气的盛衰有密切关系。只有肾精充足，听力才良好，反之，若肾精不足，则可引起耳的听力减退。当然，肾精不足，有的是需要补，如果是生理性的则多与补益无关，老年人的耳背就是如此。

（3）中医意象：肾之液在唾

《难经·三十四难》说肾液为唾。唾为口津，唾液中较稠厚的称作唾。唾为肾精所化，咽而不吐，有滋养肾中精气的作用。若多唾或久唾，则易耗损肾中精气。所以古代导引家以舌抵上腭，待津唾满口后，咽之以养肾精。但唾与脾胃亦有关，所以《杂病源流犀烛·诸汗源流》说："唾为肾液，而肾为胃关，故肾家之唾为病，必见于胃也。"

（4）中医意象：肾之华在发

《素问》说："肾之合骨也，其荣发也。""发"指头发。肾其华在发，是指肾的精气盛衰，可以从头发上看出来。怎么看呢？主要看其生长的状态，是否是名副其实的一梳头就黑发飘起来，当然是在空中飘，或者看上去像秋天的小草一样干枯，无论是前面的脱发还是后面的枯槁，都说明肾中精气不盛。为什么有"发为血之余"的说法呢？这是因为头发的生长，根本在于肾，而肾藏精，精又能化血而充养头发的缘故。人从幼年开始到老年，肾精之气也由盛转衰，头发也由黑变白。当然，那些中年人，甚至青年人早生白发除了遗传等因素影响之外，大多也是一种肾中精气亏损的缘故。

中医学认为"肾藏精，肝藏血，精血互生，血盛则发荣，血衰则发枯"，若肝肾亏虚，精血不足，便可导致毛发的脱落。

这里要破除人们的一个误解，很多人认为头皮屑是洗发水的问题，

除了那种劣质洗发水对头发有直接的伤害之外，通常情况下，头皮屑的产生都是和脾虚有关系的。是因为脾虚而造成了头皮营养不足，得不到滋养而引起的，就像一些沙土，没有水的滋润，渐渐地会起壳一样，所以，以后在面对头皮屑的时候，最好先有一个清醒的认识。

（5）中医意象：肾之志在恐

肾在志为恐，与惊相似但不同，前者是自知而害怕，后者则是因为不知道而突然受到刺激。为什么会害怕呢？心藏神，神伤则心怯，心怯而恐。面对恐惧不同的人表现不同，那么，人被吓得屁滚尿流是真是假呢？从生理的角度讲，这种情况是会发生的。《素问·举痛论》说：“恐则气下，惊则气乱”，又说：“惊则心无所倚，神无所归，虑无所定，故气乱矣”，“恐则气下”，是指人在恐惧的时候，上焦的气机闭塞不畅，气迫于下焦，而又不能藏纳，收摄不住自然就会发生遗尿的情况。

第二章

《易经》天人原理与十二时辰养生

《易经·说卦》说："兼三才而两之，故易六画而成卦"。所谓三才即天、地、人，这里就提出了天地人统属于一个整体的观念。人和自然界的天地万物之间，似曾有天壤之别，却又有着密切的联系。秉承《易经》精髓的《黄帝内经》也说："人与天地相参也，与日月相应也。"不难看出，天是一个大宇宙，人体是一个小宇宙，身体的运行，实际上与天体运行遥相呼应。故此，一天十二时辰都要与之相应。

第一节

读懂《易经》，揭秘时令养生之道

《易经》中的养生智慧人一旦出生，就是一个独立的生命个体。就遵循着阴阳消长的规律。因此，人濡养生命的过程，实际上也就是一个太极八卦阴阳消长的过程。天有时辰、节令和四季之别，仿佛是人体生物钟的秒针、分针和时针。因此，人的养生要顺应天地之道，把握住阴阳的消长规律，方能延年益寿。

养生绝学二：天人合一，养生跟着太阳走

天人合一，是《易经》的一个重要的观点，同时也可以说是《易经》能对养生进行指导的根本原因之所在。人与天地相应，从《易经》来看，大体可以做这样的理解：人身是一个小宇宙，反之宇宙是个大人身。

人身是一个小宇宙，宇宙是个大人身。

关于天人相应的探讨和理解，早在数千年前就已经开始了，在《灵枢·邪客》中的一段话，足以让我们真切地看到人身是如何与天地相合的：

“天圆地方，人头圆足

方以应之；天有日月，人有两目；地有九州，人有九窍；天有风雨，人有喜怒；天有雷电，人有音声；天有四时，人有四肢；天有五音，人有五脏；天有六律，人有六腑；天有冬夏，人有寒热；天有十日，人有手十指；辰有十二，人有足十趾茎垂以应之，女子不足二节，以抱人形；天有阴阳，人有夫妻；岁有三百六十五日，人有三百六十五节；地有高山，人有肩膝；地有深谷，人有腋腘；地有十二经水，人有十二经脉；地有蓂，人有毫毛；天有昼夜，人有起卧；天有列星，人有牙齿；地有小山，人有小节；地有山石，人有高骨；地有四时不生草，人有无子。”

虽然说得比较清楚，有几点还是需要略作解释的。其一是天之日月和人之两目怎么联系到了一起呢？从功用来看，天有日月而照四方，人有眼目而明见万象。再者，从阴阳的角度来看，人的左眼为日，右眼为月，因人体的左边属阳而右边属阴。其二，“地有九州，人有九窍”，地为什么说是九州，人哪里来的“九窍”？这里的“九州”是古代行政区，指的是：荆、梁、雍、豫、徐、杨、青、兖、冀等；至于人之“九窍”则指的是人头部上有七窍，加身体下部的二阴，清阳出上窍；浊阴出下窍。其三是天有“五音”即指的是与人体肝、心、脾、肺、肾五脏相应的角、徵、宫、商、羽。其四，六律则指的是与人体胃、胆、大肠、小肠、三焦、膀胱六腑相对应的黄钟、太簇、姑诜、蕤宾、夷则、无射。其五要说明的“天有十日”即指的是应人手指的十天干。其六,“辰有十二”指的是一天有十二个时辰，而与之相应的是“人有足十趾茎垂以应之，女子不足二节，以抱人形”，即人之足趾，足趾为十，加上宗筋、睾丸计为十二，女子少这二节，所以，怀胎的是女人而不是男人。其七，说人有十二经好理解，就是现在拔罐、按摩常提到的手三阳、手三阴、足三阳、足三阴十二经脉，而与之相应的天之十二经水，则指的是清、渭、海、湖、汝、渑、淮、漯、江、河、济、漳。这就是天地相应的道理所在，正是从这个意义上，我们能从《易经》清晰提炼出宇宙大人身，人身小宇宙的说法。

①早晨阳气初生，从寅时开始的3个时辰为木春

②而接下来的3个时辰是阳气最盛的中午，此时相当于火夏

③从申时开始的3个时辰阳气渐渐收敛，到了下午相当于是金秋

④晚上的时候，阴气盛阳气收敛，此时则相当于是水冬

不仅从天地构造的宏观层面来看是如此，从人体阳气以及五季、致病特点来看也是如此。先从人体的阳气来看，一天也与四季相应：早晨阳气初生，从寅时开始的3个时辰为木春；而接下来的3个时辰是阳气

最盛的中午，此时相当于火夏；从申时开始的3个时辰阳气渐渐收敛，到了下午相当于是金秋；晚上的时候，阴气盛阳气收敛，此时则相当于是水冬。这跟身体有什么关系呢？当然有关系。人体是小宇宙，天地是大人身，两者必然要进行气机交换。具体说来，春（风）气通于肝，所以我们说春天要养好木肝，风邪袭身，这个时候要注意防止卒中、高血压、眩晕等症；夏（火）气通于心，所以这个时候要防止暑邪热盛，当心患心脑血管病、卒中等症；长夏（湿）气通于脾，这个时候湿邪当令，要注意防止泄泻等症；秋（燥）气通于肺，这个时候燥邪容易伤身，所以从疾病防止的角度就要注意肺病、气管炎等；冬（寒）气通于肾，寒邪伤身，这个时候要注意防止的是肾衰、水肿等。

此外，天地气机还与地域、环境等有关，时空及地理环境的不同，人的健康也就不一样。从地域来说，南方气候偏于湿热，所以人体消耗大，容易有气阴亏虚的情况，而北方偏于燥寒，所以多补阳气以润燥等；从居住环境来看，很多人买房选择朝南向阳的环境，自然多有开阔、温暖、气足的感受，但并非都一定就适合每个人，而选择朝北的阴环境，尽管背阳、朝北、潮寒，但也并不是所有人都不适合。

人与日月相应，养生用药采摘分时段

对照《易经》，与中医学可谓是一脉相承、同溯一源，其源于中国朴素的阴阳学说与五行学说。《周易·系辞》有：“阴阳交合，物之始，阴阳分离，物之终。合则生，离则死。”而中医学认为：“阴平阳秘，精神乃治，阴阳离决，精气乃绝。”“重阳死，重阴死。”两者如出一辙。也因此，《易经》的养生指导从一个侧面得到了说明。

中药取材受自然条件的影响，药物也形成四气五味。所以，对于药物的采集时令和取材地点是非常有讲究的。

《黄帝内经》里说：“人与天地相参也，与日月相应也”。《素问·阴阳应象大论》里指出：“天地者，万物之上下也。”“天有四时五行，以生长化收藏，以生寒暑燥湿风。人有五脏化五气，以生喜怒悲忧恐”。从养生的药物来看，中药取材受自然条件的影响，药物也形成四气五味。天为阳，气生于天，故也为阳，随着四季变化，所以，药物有了寒热温凉之分，这一点从《本草纲目》中药物的性味就能有所明了；地为阴，而味生于地，所以味也就属于阴，随地气和方位等的不一样，形成了酸苦辛咸甘之分，所以，在《本草纲目》中对于药物的采集时令和取材地点是非常有讲究的。举例说，梧桐叶，五月开花前采摘的话，降压作用比较好，开花后的作用就很弱，而在八月前后降压成分含量最高。不仅是如此，有的药物在一天之内，中药的有效成分也不完全相同，比如水仙在上午十点和晚上十点的时候药效成分就很低，而在清晨六点和下午两点的时候药效的含量就很高。可见，养生中常用到的药物的采集也跟天地气机有内在的联系。

用药观象：头入头，干入身，枝入肢

观象取义是《易经》的又一重要的义理倡导，这一点对于今天养生同样意义非凡，现如今，观象取药依然是中药取用的一个重要的原则。即药都有自己的形、性、味、气、质等，有因形而取用的，比如荔枝核似睾丸而可以入肾，连翘似心而入心；因性相从者，如润者走血分，燥者入气分；因气而相求者，如香气入脾，气焦入心；还有因质相同者，如头入头，干入身，枝入肢。这一点看来玄妙，其实百姓多是日用而不知，常说的吃哪里补哪里说的就是这个道理。如果这些都还是在天地气机的基础上的一种抽象，那么，还有一些药材取用就跟《易经》八卦等息息相关了。比如人参，三五叶药，三之数为阳数，三数主离卦，用药煎水，水属于坎，所以，取其以坎填离，水火既济的意思。

说到《易经》卦象，中医学里的八纲辨证、治疗八法的数理基础也都来源于《易经》。而且有意思的是，关于“想”，在东西方也不一样，比如，在说到想什么问题的时候，西方都是说“脑想”，日用而不知但接受千年《易经》文化熏陶的国人，甚至在小学写作文的时候，就有了“心想”之说。为什么这也跟《易经》扯上关系了呢？与中药取用的观象取义相通，《易经》讲究的就是立象寓意。我们来看看这个“意”字，是“立曰心”，可见人的思想是根于心的，所以，做很多事情的时候，我们都会提到“心”：例如，不能三天打鱼两天晒网要有恒心；不能人浮于事要用心；不能三心二意；不能心猿意马，等等。事实上，心乱了，人们想问题也多半要出问题，所以，很多人在心烦意乱的时候，还在那里强迫自己拿出结果，最后的结果就是很多人说的那样，“我心烦意乱，一点头绪都没有”。从这里我们也知道心是根本，心受影响了，大脑自然不能很好地思考问题。所以，我们一再强调说养生要重养气，尤其是正气、清气与和气。

人身小宇宙：顺应自然的“生物钟养生”

天人相应是《易经》中非常重要的一个原理，这一原理对养生的指示就是要顺应生物钟养生。事实上，《黄帝内经》中也说“天地合气，命曰人”。也是在说，人是由天地之气组成，所以，人生命的颐养也离不开天地，具体就是顺应生物钟。

对于生物钟，或许我们有那么一点点陌生，但事实上，它无时无刻不在调节着我们的生活。什么是生物钟，简单说不同种属的生物具有不同的寿命期限，这种期限与遗传有关。每种生物的寿命在遗传基因中都按出生、生长、发育、成熟、衰老、死亡这一过程。所以，在天亮的时候，有一句话叫开了天门。那么，顺应天地养生该如何体现呢？这个时候就该应地户，就人体而言就是肛门，所以，天亮的时候，如果能有规律地排便，那么，就能在一定程度上说明生活比较有节律。

这一点从人的精神面貌也能得到体现。比如，人在早上起床的时候就精神，而在中午和夜晚的时候就犯困，这个时候，人们该怎么做呢？显然不是要靠咖啡、茶叶等去提神，最好的选择就是顺应生物钟，去睡觉。如果，这时候你要来点什么提神的东西，那么，你身体的脏器就开始加班了，你知道睡懒觉，当然，脏器也知道，所以，晚上熬夜时间长了，早上一睁眼就是太阳高高照了，这就是因为本来安排的休整时间。如果大脑这个司令官决定加班，那些脏器本来具有的“轮班制度”就被打乱了，难免就会出现撞车的现象，恢复如常就需要时间，就跟马路上出现了交通问题需要时间恢复是一个道理。

事实上，《易经》讲的天人合一，就是把人体划为一个小宇宙，来与天地自然这个大宇宙相比对，从而在一种“齐头并进”的参照中，向自然学习养生之道。宇宙是一个大人身，人体是一个小宇宙，天地万物经过了数亿年的衍生、发展，而人类却延续了数百万年，所以，如果将宇宙幻化为一个耄耋老人的话，那么，人类大体相当于是一个婴儿。话说回来，宇宙天体能够数亿年的运行，实际上，也是遵循了一个基本的生存原理，即阴阳和合。这也是我们需要探究的，即为什么宇宙天体能容纳万物而能数亿年地运行呢？其中一定有很多需要探寻的大道理所在。拿时令和脏腑之间关系来说，《黄帝内经》结合《易经》的天人合一理论，提出了五脏养生理论，即春养肝、夏养心、长夏养脾、秋养肺、冬养肾之说，这样，不仅对于养生进行了对应性的安排，而且契合了天地气机运行。

五脏养生理论：春养肝、夏养心、长夏养脾、秋养肺、冬养肾

那么，这些“大道理”有什么养生上的意义呢？举例说，每天早晨都能在规定的时间内愉快地醒来；白天工作时不打瞌睡；夜间不起夜，不做噩梦；上床后能很快入睡等，就说明生物钟准时正常，是健康的表现，否则，就会有患病的可能。现代医学研究证明，上午6～10点是肺气肿、局部缺血型心脏病、癌症等多种疾病的发病高峰期，且在一天之内，16～20点是心脏病发病的第二个高峰期，这就提醒有相关疾病的

人，可以有针对性地进行预防性吃药。即吃药可以安排在发病的高峰期间，而身体的锻炼则应避开发病高峰期。生物钟是通往健康、成就生命长寿的关键因素。若能对自己的身体加以注意，经常察看生物钟为你做的“报时”，那么，就可以防患于未然。

从日常保健的角度讲，生活要有规律。《黄帝内经》就提到，要饮食有节、起居有常。每天要定时起居，适度进补，应时排便，让人体生物钟在健康的转盘上正常运行。否则，就犹如乱拨“发条”一样，生物钟失灵，人体生命失常，自然健康就会流失。举例说，上午8点肝脏毒素最少，所以，这个时候就不能喝酒，如果酒瘾比较大的话，一方面要劝你少喝点，另一个方面就是要避开这个时候饮酒。

第二节

各得其道，不同时辰的养生之道

《周易》六十四卦中，有反映阴阳消长的十二辟卦。实际上就一年来说，十二辟卦对应的十二个月，而对于一天来说，十二辟卦则配应十二时辰。子时睡得足，黑眼圈不露；丑时宁心神，无病不伤形；寅时睡得熟，色红精气足；卯时大肠蠕，排毒渣滓出；辰时吃早餐，营养身体安；巳时脾经旺，造血身体壮；午时一小憩，安神养精气；未时分清浊，饮水能降火；申时津液足，养阴身体舒；酉时肾藏精，纳华元气清；戌时护心脏，减压心舒畅；亥时百脉通，交合养娇容。

子时(夜23点～凌晨1点)——防失眠需安睡

子时，阴气最重，此时阳气还很弱，所以，该时辰养生要做的就是静静地躺在那里睡觉。正常人自然不必多说，即使喜欢熬夜的人，只要没有夜不能寐的情况，加上明白了此时需要熟睡的道理，那么，也能很快使自己的生活恢复过来。那么，失眠的人该怎么办呢？

所谓失眠，在中医古代文献里，被称为“不寐”、“不得卧”、“不得眠”、“目不瞑”等。对于失眠，很多人笼统地认为，失眠就是指晚上睡不着，但实际上睡不着的原因和表现也不尽相同。就现在而言，导致失眠的因素很多，包含了精神和生理的方方面面。就其治疗而言，在中医里，不同的症状有不同的治疗方法，从治疗的方式上看，安神是一个主旋律。而就安神的治疗方式，又可以分为以下几个方面。

子时又名子夜，十二时辰中的第一个时辰,注重养生之人应在此时熟睡。

（1）益养精血

这种方式，主要针对营气不足导致的失眠症。临床症状表现为通宵似睡非睡，常有噩梦、健忘、头晕目糊、注意力不集中、常常睡眠不安、白天精神不振、可伴心慌、乏力等症。这时候可服用安神定志丸、刺五加片、参松养心胶囊等中成药，饮食上多吃一些补血的东西，如大枣、阿胶等。

（2）疏泄肝郁

这种方式，主要针对肝郁气滞导致的失眠，临床症状表现为夜晚卧床、入睡困难、转侧难眠、脘闷腹胀、嗳气频作、思虑万千、日间精神抑郁、胸胁胀痛、痛无定处等症。此类人在治疗上主要是注意调养精神、消除顾虑以及紧张情绪。

（3）凉血清营

这种方式，主要针对营血蕴热导致的失眠，临床症状表现为早醒，兼见咽干少津、五心烦热、面颊有痤疮、盗汗，或伴有手足震颤、肌肉跳动、口角抖动等症。此类人在治疗可以按摩内关、神门、后溪等穴位。

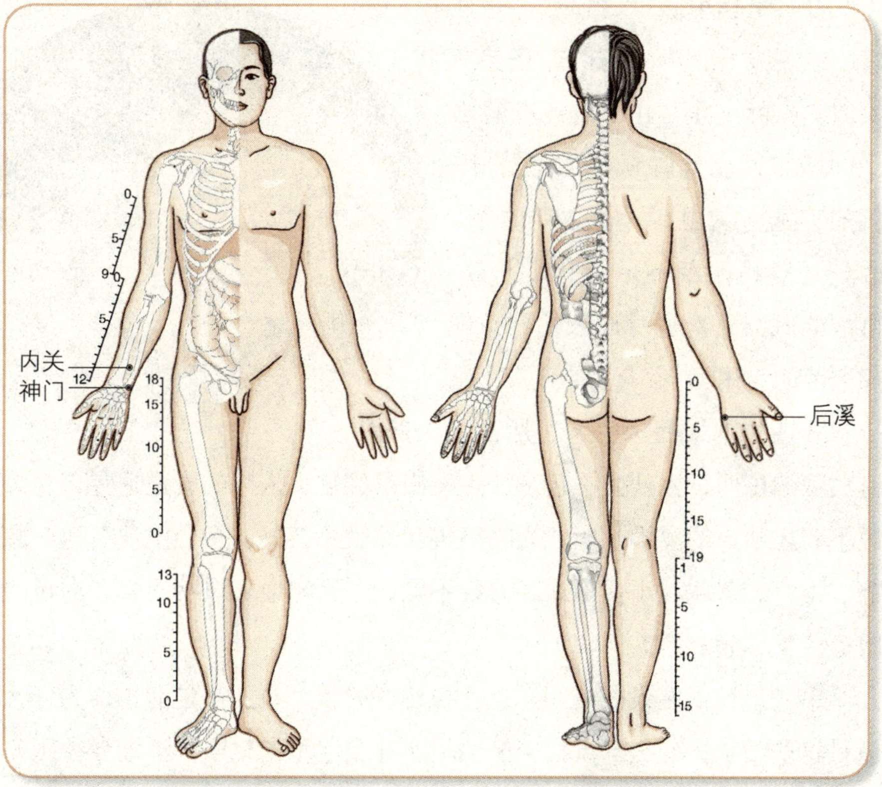

此外，如果是脾胃失和导致失眠的话，一般就会有夜间睡不安稳、时睡时醒、多梦、同时感到口腻口淡、厌食、胃脘不适、大便不成形等症，治疗就要以和胃健脾为原则；如果属于心肝火旺导致失眠的话，一般会有彻夜不眠，兼见目赤、头胀、口干苦、心烦易急躁、大便干结、小便红赤等症。治疗的时候就要以清热泻火为原则。

总之，中医药治疗失眠病症注重辨证论治，要根据具体情况，采用中药、针灸以及食疗等方式，还要遵循自然界的昼夜节律和机体自身的睡眠规律，保持科学的生活作息方式。

丑时（凌晨1点～3点）——防肝病益肝气

丑时是指凌晨1点到3点，此时阳气虽然已经生发，但升中有降，还要有所收敛。实际上也是由于肝的贮藏出了问题，所以此时睡好觉是益肝气的首选。这里，一个主要的原因就是肾精闭藏不足，肝是贮藏血液的脏器，对周身血液的分布能起调节的作用。

肝性如木，而水生木，所以如果肝没有贮藏的东西，木就生不起来，生发出了问题，人想的就是睡觉，整天睡不着还整天的离不开床，人的精神自然就不会好。多会出现呕逆、腰痛、下痢、遗尿、小便不通、月经不调、子宫出血、口咽干燥、面色暗晦等症状和病症。

事实上，很多人很纳闷，自己拉稀的时候，拉的都是清水，为什么就是这些看上去什么都没拉出来的清水让自己渐渐枯瘦，渐渐变得跟一摊烂泥一样整天没有精神，实际上也是由于肝的贮藏出了问题，所以此时睡好觉是益肝气的首选。

寅时（凌晨3点～5点）——防心脏病当深睡

寅时是指凌晨3点到5点。而此时阳气已经逐渐生发。自然，人的身体也就处于一种由静变为动的过程之中了。这个时候，往往一些体质比较虚弱的小孩会起夜小便，而老年人也往往在这个时候有醒或者咳嗽等的情况发生，尽管两者的表现形式不一样，但实质却是相同的，即气血不足。这个阶段有的人提倡“闻鸡起舞”，如果身体体质不是很好，而且没有这方面长期锻炼的恒心和毅力，建议还是以睡养为主。

临床调查显示，就一天各个时间来看，死于凌晨三四点的心脏病患者明显高于其他时间段。这里一个主要的原因就是气血不足。所以，从《黄帝内经》所倡导的“起居有常”来看，心脏病患者在日常生活中一定要注意不要过早起床，应刻意地晚起一会儿。起床前要在床上静躺5分钟，同时做深呼吸10次，再缓慢坐起，伸3至5次懒腰，下床喝一杯温开水后再进行晨练或其他活动。

卯时（5点～7点）——防便秘应大便

卯，如果放大了就能很明显地感觉到它是一个象形字。像两扇打开的门一样，这也正应了卯时的时辰，卯时是指早晨的5点到7点，这个时候天

心脏病患者如果出现便秘的话，危险的不是便秘，而是要防止子盗母气造成心肌梗死的发作。

亮了，天亮了又有天门开一说，上开天门，下则开地门，地户，即肛门，也就是要排便。所以，从这个角度我们也可以看出卯时是大肠当令。

中医学有句话叫肺与大肠相表里，尤为要提醒患者家属的是，心脏病患者如果出现便秘的话，危险的不是便秘，而是要切记防止子盗母气造成心肌梗死发作。这是因为下边一用力气，就会造成上面空虚。早在《左传》中就记录了这样的一个故事。曾有一个国王得了膏肓之症，膏肓在中医学里就是指心肺的膏肓病。在他上厕所的时候，中气下陷，气往下走，上面的心肺之气一堵，于是马上发病死掉了。现实中也不乏死于厕所之人，多源于此。

辰时（7点~9点）——防疼痛进早餐

辰时是指一天中的7点到9点，此时该吃早饭了，因为此时胃经当令，其能将食物变为充满生机的精血，这对人体健康是非常重要的。所以，对于现实生活而言，此时不要求你有什么“高餐”，但早饭是一定要吃。在中医学里，脾胃被称为仓廪之官，负责掌管人体内的收纳和布化。如果早饭没有吃，那么，胃经当班的时候就相对被闲置，那么，脾经也就没有什么可以输送分配的东西了，脾胃就会持空运转，自然人就会感到头晕无力。

辰时胃经当令，该吃早饭了，能将食物变为充满生机的精血，这对人体健康是非常重要的。

从疾患防治的角度来看，此时要做的工作就是防止疼痛，事实上，不仅胃疼跟胃经有关系，膝盖疼、脚面疼也都是胃出了问题。正因为如此，古人非常重视护膝，席地而坐或者是在跪坐的时候会把两手放在膝盖部位，为什么把手放在哪里呢？因为手上有劳宫穴，此穴属火，这就是很多小孩子肚子疼的时候，一些父母将手放置在孩子肚脐部位，轻轻按揉能缓解因受凉而肚子疼痛的原因。

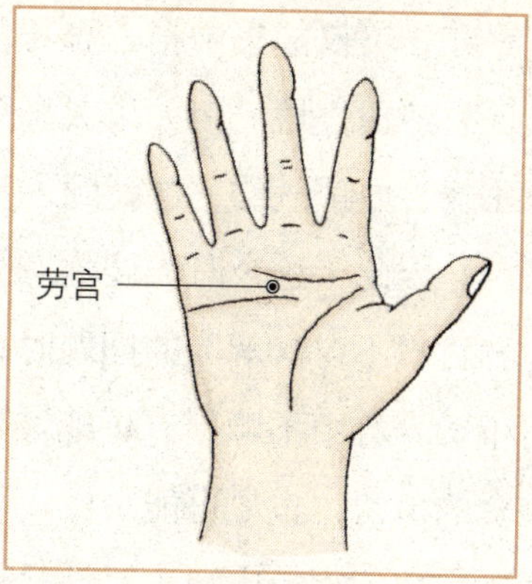

巳时（9点～11点）——防过思劳逸结合

巳时是指上午9点到11点，这个时候是脾经当令。脾是主运化的，早上吃的饭在这个时候开始运化，所以要防止思虑太过。

适当出去活动活动，休息一下。

《黄帝内经》在《素问篇》就说："思则心有所存，神有所归，正气留而不行，故气结矣。"也就是说，如果一个人在沉思的时候，身心平和，不仅能集中精力思考，而且在一种条理化的思考中，能进入一种深思熟虑之境。但如果久思久静的话，则必致气之留而不行，血之壅滞不畅，血郁气结，这就到了我们所说的思致病的境地了。

因此，这个时候要注意休息，尤其是在对待社会上或生活中的那些“百思不得其解”的问题时，最好就不要去“解”它，因为越“解”越不顺，心中不顺则有可能导致“气结”，而致病生。此外，那些废寝忘食的事情，也尽可能少做。

午时（11点～13点）——防不济需小憩

午，表示相交，如，午午，即交错杂沓的样子；午道，即纵横交贯的要道；午贯，即十字形交叉贯穿；午割，即交叉切割的意思。在这里作为时辰表示的是阴阳相交。午时正是一阴生，阴气与阳气交汇的关键时刻，正所谓“阴阳相搏谓之神”。具体说来，心为火在上，肾为水在下，我们都知道，火往上飘，而肾水往下行，这样就形成了心火可以暖肾，肾水可以让心火不至于太过，心肾得以相互交汇。所以，心与肾交汇的规模越大程度越高，人的精神就会越好。

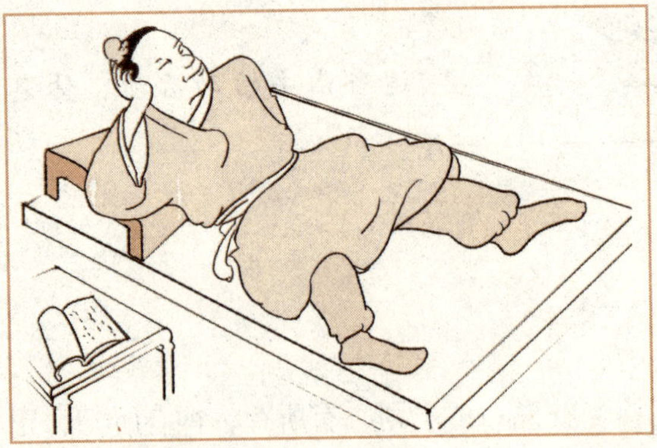

午时睡觉，不仅可以应承天地阴阳转换，而且睡眠质量也是最好。

该如何养生呢？很多健身者都会借此大好时机练“子午”功，以便利用子时和午时天地气机转化来颐养身体，练子午功到底有什么好处呢？其主要是借助了天机的能量让心肾相交。但是，子午功的修炼以及达到心肾相交是需要一定能量的，所以对气血不是特别强的人来说，基本上没有足够的能量去承接这种交汇之气，也就不可能借用天机来满足我们人体的这种运化。这时就建议你用睡觉的方式以应“心肾相交”。

《黄帝内经》说：“阳气尽则卧，阴气尽则寐”。所以在这个时候最容易入睡，不仅可以应承天地阴阳转换，而且睡眠质量也是最好。“阴气盛则寐”说的也是这个道理。需要强调的是，即使刚开始睡不着，闭目养神也会有相当的效果，因为你睡觉的那一瞬间就是心肾相交之时，再说，只要坚持，生物钟会渐渐调节过来的。如果心肾阴阳失调导致水火不济，引起心肾不交而导致失眠。建议可适当摄入六味地黄丸之类，而心阴亏的应常吃桂圆肉、麦冬、百合、莲子、柏子仁等，如果属于肾阳虚引起的要吃金匮肾气丸。

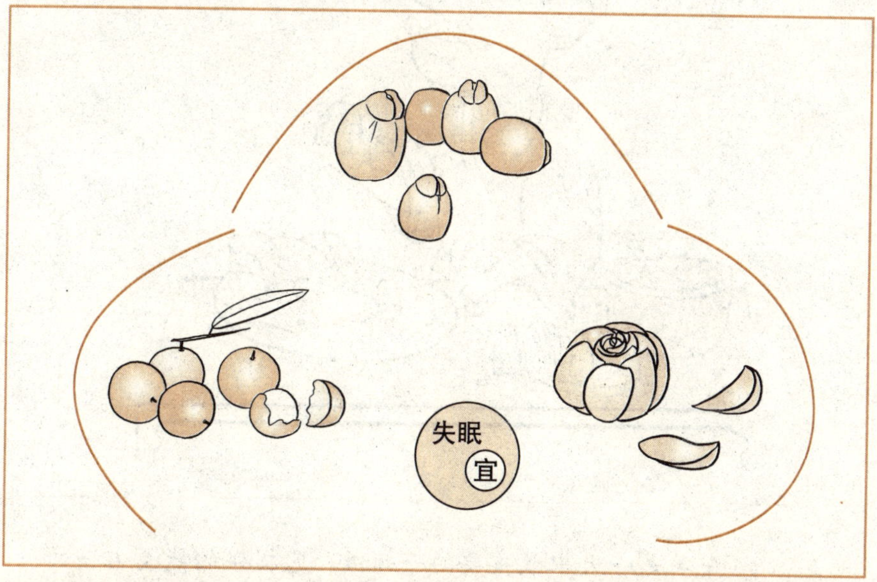

心阴亏引起的失眠，宜食桂圆肉、麦冬、百合、莲子、柏子仁等。

未时（13点~15点）——避盒饭吃好午餐

未时是指下午13点到15点，这个时候要注意小肠养生。小肠有分清别浊的功能，具体说来，就是先将经胃初步消化的饮食做进一步消化，然后把食物中的精华予以吸收，通过脾的运化滋养全身，其中的水液则通过其他脏腑的作用而渗入膀胱，将消化后的垃圾传送到大肠。可见，食物的精华和糟粕，主要通过小肠的消化作用来加以分别。

午餐是一天中最重要的一顿饭，它提供的能量占一个人全天消耗能量的40%。

另外，小肠经和心经相表里，其中脏属里为阴；腑属外为阳。心经有热可以移到小肠，出现小便短赤等症候。所以，这些看似是消化的问题，结果治疗的时候往往还需要同时在“心”上下功夫就是这个原因。可见，有时可以通过这种脏和腑互为表里的关系来进行健康的捍卫，比如心移热于小肠，小便尿血，处方中多会加用清心火的药物。

从养生的角度来看，药补不如食补，而午餐是小肠当令的前奏，因此，建议午餐要尽可能安排在1点前吃完,以有利于营养吸收。不仅如此，午餐在一日三餐中承上启下，所以，午餐最好要营养丰富一些，上班族大多是家庭的顶梁柱，他们的工作一般很忙，家里人往往会在下班后为其准备丰盛的晚餐，将晚餐无意中变成了正餐，这是不符合养生的，午餐与其说要吃好，不如说要吃得精一些。尤其要强调的是盒饭不能天天吃，不仅营养不均衡，而且大多能吃到你倒胃口，建议与其花钱买快餐不如自己带饭，尽可能带上些水果、酸奶，作为午饭后的补充。当然，要防止冬天过凉、夏天过热引起的食物变质。

申时（15点～17点）——防健忘敲经络

申时是指下午15点到17点，这个时候是膀胱经当令。一个人如果走路的时候，小腿很容易就疼，那么，膀胱经肯定就有问题，如果一个人，无论是大人还是小孩，只要老是感觉自己很健忘，那么，可能就需要调理膀胱经了，后脑疼也是膀胱经的问题。所以，在以后，如果老跟

人说“你看我，记性没有忘性好”，那么，这种自我调侃的豁达心态不错，但静下心来，有必要去关注一下自己的膀胱经是否有问题了，让阳气得不到上扬。阳气上不来，上面的气血不够，所以就会出现记忆力衰退的现象。此外，如果常碰到有人头痛、脖子痛、颈椎痛、腰椎痛、后脑勺痛、腿痛，也要敲敲膀胱经。

此外，发高烧、委靡不振、全身水肿，像前列腺炎、子宫卵巢、坐骨神经疾患、下肢瘫痪、中风瘫痪、半身不遂这些都与膀胱经有着密切关系。怎么办呢？举例说头痛，在医治的时候，只要把脚的小指外侧抹上如色拉油等清油然后刮来刮去就不痛了，胃痛厉害到打滚的时候，你把手心中间朝下一点点用筷子重重刺激它就不痛了，这是一个通向胃的点，经络通了就不痛了；颈椎痛，把脚的外侧刮来刮去就不痛了；月经来了肚子会痛的冒汗打滚。手心面点一下手腕上1寸或者半寸就好了，不会点穴的人遇到痛经的时候，还可以用蒲黄粉用白酒送下去就好。

酉时（17点～19点）——慎补肾需清心

酉时就是下午17点到19点。这时候是肾经当令。如果出现了肚子饿而又不想吃饭、心悸、胸痛、精神委靡、烦躁、视物不清等症状，多与肾经出了问题有关。那么，是不是肾经一出问题，我们就该补呢？不是！

现在很多的人动不动就补肾，其实很多人补的结果并不是肾好了，而是心里的感觉好了，认为自己吃了这么多的补肾品，肾该满足了，肾气该足了，事实呢？这些补品在很多人那里变成了垃圾，为什么会这样呢？从前面的相关章节我们已经知道，肾的一个重要的生理功能就是主收藏，酉时肾经当班，自然也是其收藏功能出现突出表现的时候，但如果经脉不通呢？这就像交通阻塞一样，一边需要，但交通阻塞过不去，但另一边却不断地往这里输布，其结果就是运送的东西渐渐地变质，就地处理成为垃圾，换句话说，人体的代谢在此时出问题了。

对于肾精的培补，其实“清辛”与“寡欲”就是最好的进补。所谓的“清辛”就是指口味一定要清淡，不要吃太辛辣和太咸的东西，因为咸和辣如果太过都对肾精具有耗损作用。还有就是要“寡欲”，不要总是带着有“色”的眼镜去看人，更不要带着有“色”的思维去“惦念”一个人，那样对人肾精的伤害可以毫不夸张地说是致命的。

戌时（19点~21点）——平燥心防多动症

戌时是指晚上19点到21点，这个时候是心包经当令。心包和心脏的关系息息相关，这很明显。但相对于涉及心包的其他病症往往就不然了。比如，平常很多年轻的妈妈会问起小儿多动症的问题，这其实是与本经有关系的。而且不保护好心包，多动症的问题是解决不了的。

道理何在呢？心包主血脉，通神智，驱热度。因此，通过在心包经上放血（比如手的中指），就可以直接化解发热和狂躁。不仅如此，有时候敲打心包经还可以救命。

怎么救？重重地敲打。心包经在手的中指，直线经过手掌，手腕，手臂，然后进入左边的心脏，两手是对称的。用手掌重重地敲打手掌内侧。而出现了唉声叹气、胸闷、乳房痛等情况的时候，还可以用手掌敲左手手腕上3个指头处就可以了。

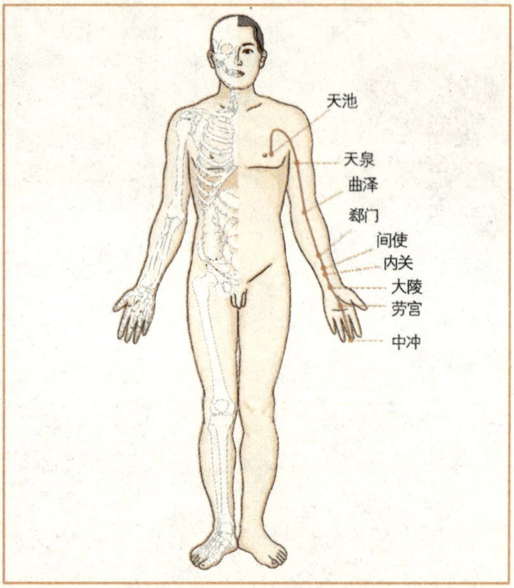

手厥阴心包经：戌时护心脏，减压心舒畅。此时一定要保持心情舒畅：看书听音乐，或做SPA、跳舞、耍太极……放松心情，释放压力。

亥时（21点～23点）——行房事莫纵欲

亥时，指晚上21点到23点。说到“亥”字，可是一个不一般的字。《说文解字》的第一个字“一”代表一种混沌初开，而亥字放到最后则是回到混沌状态，预示了生命的轮回，平常说“九九归一”其实说的也就是这个意思。事实上，亥字从写法上看，是一个人抱着一个人睡觉，而且怀孕了，也带有孕育的意思。有了孕育，说明什么问题，试想，没有交合哪里来的孕育，也就说明此时是男女交合的最佳时机。

总起来看，时辰养生只是针对人在日常生活中的一些基本的生理和精神活动进行的一种“定位”性的安排，提出的是一种原则。所以，有些是日常性的，具有持久性可以尽可能去坚持做，而另一些则需要参考其他养生的一些节律来进行，比如，上面提到的亥时适合阴阳交合，这并非是在主张每天要做的事情，而是一种生理活动在安排上提供的时辰的选择而已。从上面这些关系养生更为紧密的时辰与对应的当令来看，又可以化繁为简，大体将一天中的养生方略简单概括为三个字：练、休、松。具体说来，就是早间养生重在“练”，午间养生重在“休”，晚间养生重在“松”。尽管如此，将一天用时辰来加以划分，也绝非要整齐划一。养生要因时而异，在落实到某个具体的时辰的时候，还要因人而异。

第三章

《易经》八卦原理与体质养生

八卦的“卦”，是一个会意字，从圭到卜，即从四正四隅上将观测到的日影加以总结和记录，这就形成八卦的图像。八卦的最基本的单位是爻，其性可以由“天、地、风、山、水、火、雷、泽”的特征来体现，从健康的角度则代表不同体质的几种人。由此，从八卦各自的属性就能富有针对性地了解不同体质的养生方法。

第一节

杂解八卦，解码卦爻中的养生之道

八卦，简单说就是8种卦象。自从伏羲画八卦开创了《易经》时代之后，人们便开始对神秘的宇宙进行了孜孜不倦的探索，如何养生呢？事实上，八卦与人体气质之间有着密切的关系，能决定一个人的生老病死，由此，探寻《易经》八卦就对养生具有了重大的意义。

养生绝学三：因人而异，不同体质不同养

八卦，简单说就是8种卦象。那么，什么是卦呢？所谓卦，是指古代劳动人民通过测量太阳位置，以作为知季节和掌握劳作规律的一个参照。这一点，从“卦”字本身的结构也可以知晓。先来看看这个“卦”字的组成，“卦”字左边是“圭”字，右边是“卜”字，“圭”字即尺子，是用来测量影子长度的位置。“卜”字右边的点可以看成是太阳的影子，而左边的那一竖则表示在地上竖根杆子。正是通过长期测量，劳动人民才掌握了春耕秋收的季节规律。仅仅从这一个“卦”字，我们就知道卦爻并非是很多人用来占卜的迷信，而是跟生活息息相关的一种科学的测定。

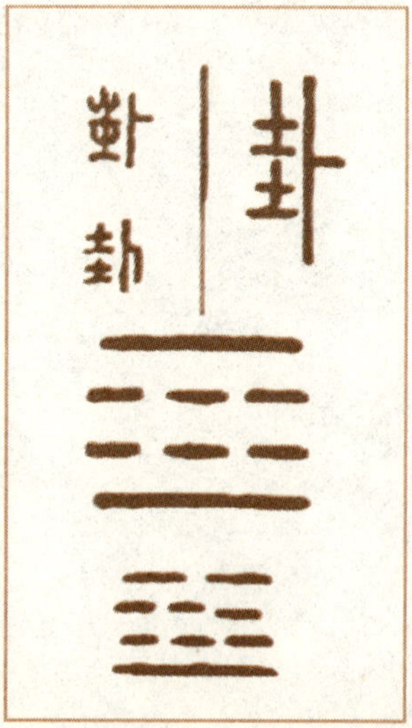

说到八卦，先要提及一句的是，八卦除了常说的《易经》八卦之外，还有就是作为推拿穴位名。见《针灸大成》卷十，说其又称内八卦。即围绕掌心周围8个穴位的总称。

"运八卦，除胸肚膨闷，呕逆气吼噫，饮食不进用之"。自然，更为主要会想到的还是太极八卦图，天体是个大太极，太极是一个小天体。八卦正是通过把人们肉眼所能见到的事物从8个基本大现象的角度进行分类归纳，从而化繁为简，宇宙间的万事、万物，皆依这8个现象而变化，这就是八卦法则的缘起。实践出真知，也正是这样一种源自生活的总结，奠定了《易经》的科学性。关于这一点，在《易经》中说得也很清楚了。《易经·系辞》云："古者包牺氏之王天下也，仰者观象于天，俯则观法于地，观鸟兽之文与地之宜，近取诸身，远取诸物，于是始作八卦，以通神明之德，以类万物之情。"这也很明确说明了《易经》八卦产生于古代人们"观天俯地"的实践活动。

太极八卦图，很简单，就是以同圆内的圆心为界，画出了大小相等的两条鱼，以此来表示万事万物之间存在的一种阴阳关系。S线是太极的中玄，也是阴阳鱼的旋转方向。一条黑鱼表示阴，而一条白鱼表示阳。白鱼中有个黑眼，黑鱼中有个白眼，体现了一种你中有我我中有你的相互关系，针对阴阳来说，就是阴中有阳，阳中有阴，阴阳相合而相生相克，暗含一种万物能相互转化、互相渗透的思想。

《周易·系辞》曰："易有太极，是生两仪，两仪生四象，四象生八卦。"近代考证认为所谓太极即宇宙，两仪指天地，四象就是四季天象；如长日照的夏季称太阳，短日照的冬季称太阴，春是少阳，秋是少阴，而八卦再分三爻，自然是指廿四节气。表面上"太极八卦图"明显是指地球自转一周年而复始。再者，从这样一种裂变与衍生的多维性中我们很容易就能从八卦太极图中有一些细微的领悟。比如，以圆心对照一年四季春夏秋冬和方位的东西南北可以分为四份，即太阳、太阴、少阳、少阴四象。四象若加圆心就构成五行之说，南方为火，北方为水，东方为木，西方为金，中间为土;在四象学说基础上，更进一层，又增加了阳明、厥阴两面项，它与四象组成六合之说。六合加圆心称为七星。四象通过"一分为二"的切分，又构成八卦图，先天八卦方位表示为:

乾南坤北、离东、坎西，震东北、兑东南、巽西南、艮西北。八卦加轴心称之为九宫（九宫即洛书所指的9个方位，一般将后天八卦按方位装入洛书，中间空开，即形成所谓的“九宫八卦”）。“乾为天，坤为地，震为雷，巽为风，坎为水，离为火，艮为山，兑为泽”，而《周易·说卦》对八卦做了这样的说明：“天地定位，山泽通气，雷风相薄，水火不相射，八卦相错，数往者顺，知来者逆，是故，易逆数也。”

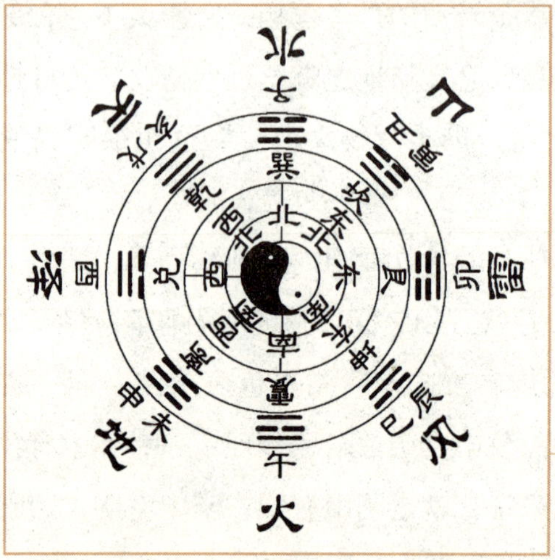

八卦全解图

《易经》的太极八卦图包罗万象，甚至被很多学者公认为是先古文明的数据库，只是现在还未能找到打开数据库的钥匙而已。从八卦图的卦位和图腾属性就可以较为充分的说明这个问题。在《周易·说卦传》中有显示关于八卦图卦位具体位置的图腾属性说明，比如象“乾为马，坤为牛，震为龙，巽为鸡，坎为豕，离为雉,艮为狗，兑为羊。”又有“乾为首，坤为腹，震为足，坎为耳，离为目，艮为手，兑为口”等，研究发现，如果将二者结合起来，那么，就可以有这样的图腾属性的认识，即“乾，马首；坤，牛腹；震，龙足；巽，鸡股；坎，豕耳；离，雉目；艮,狗手；兑，羊口”。

这说明了什么问题呢？来自联合国教科文组织的资料显示，20世纪80年代颁布了一幅由全世界科学家通过几十年合作，运用最先进的卫星、红外线、声波等仪器勘测和长期积累的数据库绘制而成的地球表面立体平面图，这幅地球表面立体平面图通过三维的方式把海底和陆地的地形地貌构造在一张平面图上表现出来，与图腾象形表现出来的地球地理的构造和形态的真实面容相一致，揭示了中国古文明文化中八卦和图腾的奥秘。

先天八卦，智圣伏羲与《易经》

伏羲又作宓羲、庖牺、包牺、伏戏，也称皇羲，史记中称伏牺。所处时代约为新石器时代早期，是中华民族人文始祖，被尊为“三皇”（一说为伏羲、神农、黄帝）之首，相传还是中国医药鼻祖之一。

据传，伏羲的母亲华胥氏，是一个非常美丽的女子。一天因去雷泽郊游，处于好奇将自己的脚踏在一个大脚印上，于是就有了身孕。更为奇怪的是，华胥氏这一怀孕就是12年。后来就生下了一个人首蛇身的孩子，这就是后来在人们印象中相貌威仪、面色发青、目光深沉的智圣伏羲。因为在古代，人们把12年作为一纪，所以，据说当地人为了纪念伏羲的诞生，特将地名改为成纪，据史学家考证，古成纪就是今天的天水。加之《汉书》中说：“成纪属汉阳郡，汉阳郡即天水郡也。古帝伏羲氏所生之地”。也因此，天水历来被称为“羲皇故里”。

伏羲像

根据传说和史籍记载，作为人类文明始祖，伏羲的功绩很多：教民作网用于渔猎，促进了生产力的发展；变革婚姻习俗，使血缘婚改为族外婚；始造书契，用于记事；创作乐曲歌谣，帮助人们“修身理性，反其天真”；创制古代历法等。尽管这里伏羲的任何一项功绩都足以让其万古流芳，但在大多数人看来，伏羲的最大功绩还是始创《易经》，创立八卦。

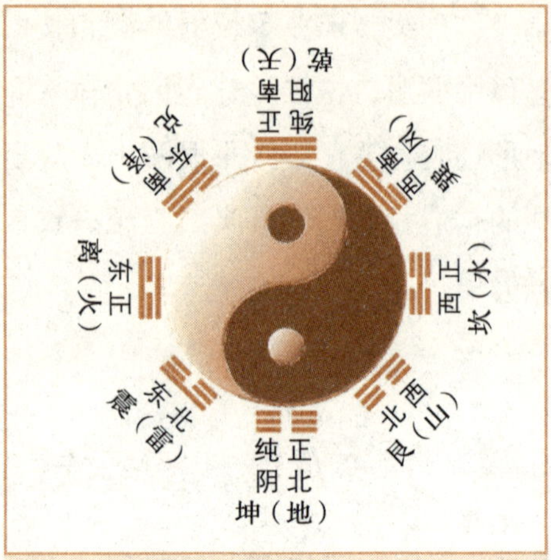

伏羲八卦（先天八卦）

《周易·系辞下》：“古者包牺氏之王天下也，仰以观象于天，俯则观法于地，观鸟兽之文，与地之宜，近取诸身，远取近物，于是始作八卦，以通神明之德，以类万物之情。”这里非常清楚地说明了智圣伏羲善于观察天象地理，了解宇宙信息，因此有了预测的能力，甚至能知生死，因此被称为是预测学的鼻祖，是占卜文化的源头。这一点，不了解就颇有几分神秘的色彩，认识了它就觉得理所当然。简单说，就像我们很多人熟悉的现象：蚂蚁搬家、燕子低飞、鱼儿成群到水面喝水等情景时天就要下雨了，并且这个现象很多时候非常准确。正是从这个角度，我们在这里要纠正一种偏见：提到占卜就想到迷信。即使后面我们要谈到的所谓卦象，也并无吉凶之分，只不过是在分析说明人在顺境、逆境之中的正确态度、行为准则与处事方法等。

那么，伏羲的八卦又是怎么回事儿呢？作为中国符号文化的创立者，伏羲画的八卦符号被认为是文化时代的重要标志。说起伏羲作八卦，还有一段传说。远古时代，人们对大自然一无所知，刮风下雨、电闪雷鸣被赋予了苍天动怒等种种神奇色彩，因而倍加敬畏天地。但天生聪慧的伏羲想把这一切都搞清楚，于是他经常站在卦台山上，仰观天上的日月星辰，俯察周围的地形方位，有时还研究飞禽走兽的脚印和身上的花纹。有一天，他突然听到一声怪吼，只见卦台山跃出一匹龙马，俯卧到了卦台山下渭水河中的一块近似今天太极图的大石上。配合龙马身上的花纹，顿时让伏羲有所了悟，于是画出了八卦。对其中的细节现在已经不必过多追求，比如画是否为伏羲所画，其本身很难确切考证，不妨将其看作是上古时代中国人智慧的结晶。

那么，何为八卦？概括地说，八卦是我国古代的一套有象征意义的符号。而八其本初指的是“8种基本图形”，用“—”代表阳，用“--”代表阴，每卦由三爻组成。每一卦形代表一定的事物。乾代表天，坤代表地，坎代表水，离代表火，震代表雷，艮代表山，巽代表风，兑代表沼泽。八卦两两相重又得到六十四卦，用来象征各种自然现象与人事现象。时至今日，八卦依然影响着当代许多学科。据说，德国大数学家莱布尼茨发明二进制，也是受了八卦的启发。

八卦是人类文明的瑰宝，是宇宙间的一个浓缩了的高级“信息库”。利用它可以推演出许多事物的变化，预卜事物的发展。对于养生的贡献而言，伏羲不仅是把火种引入了厨房，开创了烹饪之先河，更为可贵的是，八卦的确立，使得对养生有重大影响的阴阳平衡规律能够得以蕴含、萌生和演化。

后天八卦，三代之英周文王与《易经》

周文王，姬姓，名昌，即姬昌,是周太王之孙，季历之子。商纣时被称为是西伯，即西部诸侯（方国）之长,亦称西伯昌。季历死后，其子姬昌继位，也就是这里说的著名的周文王。由于广施仁政，生产力有了长足的发展，以至于《论语》里面记载说："三分天下有其二，以服事殷"，引起商纣王的嫉恨，于是被纣王囚禁在羑里（古地名,今河南省汤阴县境内）。

话说82岁被囚的周文王，尽管饱受虐待，不仅没有消沉下去，而且磨炼出了坚强的意志和自强不息的气魄。在囚禁期间，周文王每天潜心研究八卦，渐渐地，在伏羲先天八卦的基础之上琢磨推演，开始了自己的发现和创造。他把世上千变万化纷纭复杂的事物，抽象为阴阳两个基本范畴；把刚柔相对、变在其中，作为自己对世事和人生的基本看法；他将八卦演绎成六十四卦和三百八十四爻。此时，凶残的纣王并没有罢休，为了测试周文王的预测研判能力，便把他的儿子伯夷考杀害，并烹作肉羹强令姬昌喝下。周文王明知纣王的试探之心，因此，强忍悲痛，一边吃还一边说其羹好吃，并因此遭到纣王的嘲笑而将其放归。

周文王

话说周文王在进一步深研八卦的时候，细心回想古代的历史故事，精心总结生活经验，并把这些炼化为自己卦辞和爻辞的内容。不仅具有研判性的说明，还有了现实的预测之功，如果说"卦辞"是每一卦即每一种情况的总述的话，那么"爻辞"就是每一卦即每一种情况的具体变化。总述加上6种情态的分述，便是卦辞和6个爻辞。六十四卦，计有64条卦辞和384条爻辞，总计448条。

《易经》说“引而伸之，触类而长之”。很明显，从对比中我们不难发现，先后天八卦之间一脉相承同时又有明显的不同，后者将八卦隐身为了构成宇宙万物的8种基本的物质，并且进一步做了推演。不仅是做了形式上的推演，而且大大增强了人们对于宇宙万物的认识。

那么，由先天八卦推演的六十四卦在养生上有什么样的指导意义呢？阴阳消长与气化原理。这一点从六十四卦图中就能很清晰地看出来，这也为太极图的产生奠定了基础。

正解卦爻义理，细论人体与八卦属性

八卦的最基本的单位是爻，多是记述日影变化的专门符号。爻有阴阳两类，阳爻表示阳光，阴爻表示月光。每卦又有三爻，代表天、地、人三才。天部，包括整个天体运行和气象变化，这些星象之学，古称天文；地部，指观测日影来计算年周期的方法，用地之理了解生长化收藏的全过程；人部，指把天文、地理和人事结合，以便按照这些规律进行生产和生活。

字如画，画藏字。事实上，在人类的原始时候，本身没有文字，基本上都是看“样子”画的。字是这样，卦也是这样。日月山水花鸟虫鱼舟都是这样。那么，卦在当时自然没有“卦”字的书写，

是怎么“画”的呢？每个卦都有三画，卦中的每一划被称为“爻”。为什么要叫“爻”呢？“爻者，交也”。这里的意思是在暗示人们，宇宙万事万物无时无刻不在交流，都在发生关系，所以叫“爻”。下面就从卦爻的角度简单说说“八卦”。每卦的次序是自下而上的，最下一横叫初爻，中一横叫二爻，上一横叫三爻。易卦共计8个，所以又叫八经卦，分为乾、坎、艮、震、巽、离、坤、兑，其中乾、坎、艮、震是四阳，巽、离、坤、兑是四阴，并有一着口诀：乾三连、坤六断、震仰盂、艮覆碗、离中虚、坎中满、兑上缺、巽下断。

需要说明的一点是，卦爻的义理说明，表面上看跟养生没有多少关系，事实上，它的指导意义因为属于“大道”所以显得抽象了一些，仅此而已。

乾为天，坤为地，震为雷，巽为风，坎为水，离为火，艮为山，兑为泽。以之推衍，乾又可以作为君、宗、门、首、德等；坤又可以作为臣、城邑、田、宅、陆；震又可为主、坦道、善、左；巽又可为女、风俗、床；坎为江河、大川、渊、井、寒泉；离为户、牢狱、灶；艮为石、庙、宫室、穴；兑为妹、右、西等。因为人体器官，均由一定的物质构成，各自承担着一定的功能，也是可以用八卦来描述与刻画的。所以，如果从养生的角度，人体部位与八卦属性之间存在这样的一种关系，即乾象头，所以乾质人要善于养脑；坤象腹，所以坤质人善于吃；震象足，所以震质人善于行走；巽象股，所以巽质人善于坐；而坎象耳，所以坎质人善于聆听；离象目，所以离

质人善于观察；艮象手，所以艮质人多手巧；兑象口，所以兑质人多善言谈。

结合人体脏腑与八卦属性之间的对应关系来看，又会如何呢？

《黄帝内经》对此进一步阐述。北为坎水，在人体为肾；南为离火，在人体为心；东为震，属木，在人体为肝；西为兑，属金，在人体为肺。中医学讲肾主骨，技巧出焉。肾脏强骨骼必发达。北方人身高体健，所以，一般运动员出得比较多。南为离火，为心，中医学讲“心主神明”，即大脑聪明，思维敏捷。所以，一般南方人头脑灵活，做生意的比较多，世界上华人富翁多是南方人。西属肺金，中医讲“肺开窍于鼻”，所以鼻子大小可以断定肺功能。“肺又主悲”，西北的秦腔很是悲悲切切。东为肝木，肝主胆略，也主怒。东北、山东人胆子大，性格直爽。中国风水学上讲，气场随地理分布变化，人的身体和秉性是气场影响塑造的。“一方水土养一方人”说的也就是这个道理。

第二节

各得其道，不同体质的养生之道

从养生的角度来看，八卦人的气质决定了人的气质、个性甚至健康状况。比如，乾金气质的人阴阳不偏，但多燥；坤土气质的人，则偏阴，多湿重；巽木气质的人则偏阳、偏风；而坎水气质的人则偏阴，偏寒；离火气质的人则偏阳，偏热。用八卦之象来探寻人类的体质，从而寻求健康养生的出路，实质上也是在先觉先知人体的身体素质和健康状况。继而由认识到应用，学会自我调治，真正做到把健康长寿的主动权掌握在自己手中。

八卦和五行之间的一一对应关系

从八卦物象图表中很明显能看出人与八卦之间的关系。比如，乾卦象征父亲，坤卦象征母亲，而由乾坤相生的有三男三女，即震卦代表长男，而巽卦代表长女，坎卦代表中男，离卦代表中女，艮卦代表少男，兑卦代表少女。从脏腑的角度来看，乾卦代表大肠，坤卦代表脾，震卦代表胆，巽卦代表肝，坎卦代表的是膀胱和肾，离卦代表的是心脏和小肠，艮卦代表的是胃，兑卦代表的是肺。

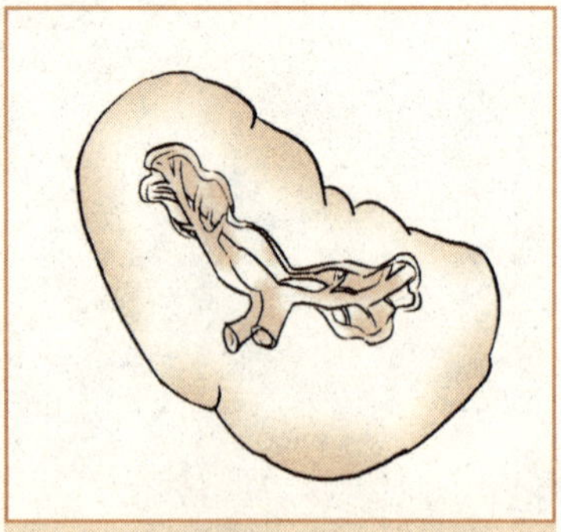

肾

那么，八卦与五行之间是怎样一个对应的关系呢？需要说明的是，虽然日常生活中，我们总是说八卦，实际上，两者之间有一种对应关系。这是因为乾卦象征天，其性刚健，所以属于金，而坤卦地性柔顺，艮卦为山性秉厚，所以两者属于土，震卦雷性刚，巽卦风性驯，所以两者统属于木，坎卦水性融柔，兑卦如泽性顺，所以两者均属于水，离卦象征火性烈，理所当然是属于火。所以，尽管《易经》中的五行八卦对应了天、地、雷、风、山、水、火、泽等8种物质，但这8种物质实际上可以归为5种物质。

要说明的是，这并非就说明八卦和五行是一回事儿。其中，最为明显的就是象数和义理。那么，什么是象，什么是数，什么是理呢？举个例子说，我们看到一只摆动的摆钟，那么，摆动的摆钟就是象，而为什么会摆动就是理，如何摆动，其中的规律如何就是数。结合《易经》来看，“乾、坤、坎、震、离、巽、艮、兑”这八卦就是8个象，而这八卦背后代表的意义和道理就是相应的义理。具体说来，乾卦，其象为天，在义理中它表示健，所以在对应的人的气质来看的时候，就属于乾金气质；坤卦，其象为地，在义理中它表示顺，所以对应于人的气质来看就是坤土气质，震卦，其象为雷，在义理中代表动，因为其和巽卦同为木卦，所以，对应于人的气质来说就是巽木气质；巽卦，其象为风，在义理中它表示入，因为其与震卦同属于木卦，所以，对应于人体气质来看则是巽木气质，这是因为巽卦是第四个阳卦，从它以后逐渐进入了四个阴卦，也就是由阳入阴的入；离卦，其象数是火，它代表的义理是丽，因为丽在古代通“日”，也就是太阳的意思，所以，对应于人的气质来看则是属于离火气质；坎卦，其象数是水，在义理中它表示的是陷，所以，对应人的气质来说就是坎水气质；兑卦，其象数是泽，它的义理则是说（悦），因为与坎水

八卦与五行的对应关系

同类，所以对应人的气质来看是属于坎水气质；艮卦，它的象数是山，在义理中的表现是止，因为和坤地相同类，所以，属于是坤土气质。

这样，大家就很容易明白，5种基本的元素不仅是构成天地宇宙的5种基本的物质，同时还是人体生命构成的物种基本的元素。我们清楚了什么是象数，什么是义理，如果我们将象数和义理相结合，就可以更全面了解一个人的情操以及他身体各方面的素质。

乾卦人养生：阴阳平和防止头部疾患

【释名】《易经·说卦》说："乾为天，为玉为金"，"乾，健也"。乾卦为天，乾金气质的人一般都秉承上天之金气，象征纯阳和刚健，其性坚正。是能代表心胸宽广，富有远见卓识的大丈夫气质的一类人。从阴阳学的角度来说，乾金人的体质特点比较平和，通常他的寿命也偏长。

【体象】乾金气质的人一般形体较为高大、魁梧或壮实，多面白而额宽，胸廓一般都很发达，头既圆且大，脉大而强劲。《易经》中讲乾为首，尽管此在人体部位来讲指的是头，但同时从精神气质的定位来看，也指首领之首。这表示，属于乾卦的人，通常都能将天道的刚健有力转化为自己的主体精神和内在品质，终至自强不息，使得自己的才能得以发挥。所以，从形象气质来看，一般富有组织、领导等能力的人，大多都属于此类人群。需要特别提醒的是，从做事的角度来看，这类人要防止自我中心趋向或者恃才傲物的行为发生；从养生的角度来看，尽管平时不会有什么小病不断的情况出现，但要多做体检，防止小病在疏忽中“长大”。

【疾患】乾卦人属于乾金体质。首先因为其秉承天地之金气，而金主燥，所以，这类人一般都阳气偏盛，容易得热病。再进一步讲，燥气如秋，通于肺，所以，乾金体质的人应该注意防止如咳嗽、慢性支气管炎等肺系疾病。而肺又和大肠相表里，因此也容易得肠燥，便秘，甚至哮喘病、糖尿病。

再者，乾为首，所以，头面疾病也是此类人疾患防治的重点。这一点从临床一些统计就可以看出来，乾金之人除了容易患肺方面的疾病之外，还容易有头痛、头晕等疾病。

乾卦人养生法：

中医认为，凡对人体具有推动、温煦、兴奋作用的物质和功能同归于阳。乾卦人则属阳气过盛体质，即指机体呈现阳气偏盛，身体功能亢奋，并以邪热为表象的病理状态的人。这类人容易得热病。再就是阳盛体质的人容易得突发病、急性病。这是因为阳盛体质者从外表上看，多给人一种身体强壮、精神饱满、中气十足的表象。健康的外表掩饰了阳盛体质内在的病理体质。因此，尽管没有不断的小病，但往往累积成患，多会生急重之病。

所以，这类人在养生上应注意泄阳火，解燥热。在平时要多食用滋阴、清淡食品，运动量也可大一些。而在身心的调整上，则需要防止动怒，培养出良好的性格，做到用理性克服情感上的冲动。

此外，阳盛体质者，应忌食如辣椒、姜、葱等辛辣燥热的食物和牛肉、狗肉、鸡肉、鹿肉等温阳食物，适宜吃的肉食有鸭肉、兔肉、牡蛎、蟹、蚌等寒凉肉食。适合吃的清淡蔬菜则包括如芹菜、菠菜、油菜、黄花菜、生菜、丝瓜、黄瓜、芦笋、百合、荸荠、番茄、苜蓿、葫芦、苦瓜、莲藕等；梨、李子、枇杷、柿子、香蕉、西瓜、柚子、柑、橙子、甜瓜、罗汉果、杨桃、芒果、草莓等水果也可以适当摄取。该体质者，忌用药酒，特别是壮阳之类的药酒更应慎用。

乾为首，乾卦气质的人还很容易出现一些头部疾病，除了在工作上要合理安排时间之外，还应在日常生活中多注意头部疾病的预防。对于头部的疾患来说，按摩是一种比较好的选择。

具体做法：可采取被按摩者仰躺在床，按摩者或坐在他的头前椅子上或靠近床上就坐。首先用两拇指并排放在印堂穴上，向头顶方向按摩，经过百会穴至脑户穴即可。然后用食指或中指肚分别按压两个睛明穴。再用两手的食指、中指、无名指分别从里向外按摩全眉骨。其四用两只手心分别按在太阳穴上，按顺时针方向按摩悬颅穴。其五用食指或中指肚按顺时针方向按摩听宫穴。其六用拇指和食指分别来回捻搓两耳的轮廓。越全面越好，直至发热。最后用双手十指指肚随意按压整个头部。

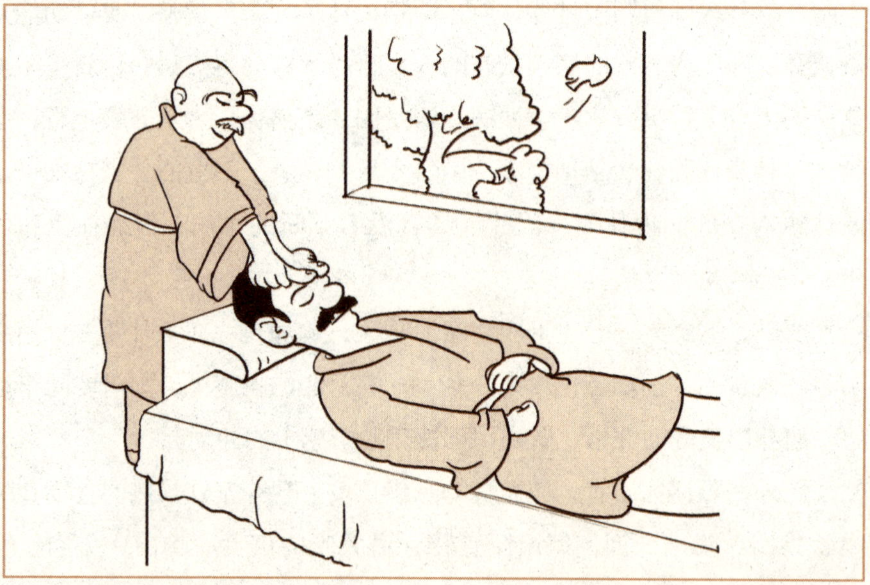

注意按摩的时候，力度以被按摩者能耐受为宜，可适当偏轻，时间一般控制在2分钟左右。如果是对孩子按摩，手法上宜轻，时间可以酌减。

坤卦人养生：偏阴偏湿防止腹部疾患

【释名】《易经·说卦》说：“坤为地，为母”，“坤，顺也”。坤卦象征地，具有地土之气。所以，此型人一般阴阳上偏阴，气血运行缓慢，所以，基本上不会有什么急性病发生，即使体弱也往往寿长。

【体象】此型气质的人一般都头大、鼻大、肚子大，尽管个子不高，但比较矮壮且四肢很结实，一般情况下脉象较缓。

坤土之人，与其脉象相应，体现一个“慢”字。反应比较慢，言行也比较缓慢，接受起新鲜的事物也比较慢。他们不会是冲锋陷阵的人，因为他们大多看上去敦厚老实，非常稳重，属于是“老黄牛”般的实干家。事实上，坤卦对应的动物也是“牛”。所以，如果能为他们感兴趣的事或者能有志同道合的人与之共事，他们一般都会竭尽心力。此型气质人一般人缘较好，但往往会有安于现状的消极待世之嫌。

【疾患】坤卦从对应的人体部位来看，属于腹部。在日常保健中，要防止腹泻、痰饮、水肿等病，易发内脏下垂等疾患。

需要说明的是，《易经》中坤为地，而艮为山，所以，坤土气质的人养生与艮卦气质的人养生之法是一样的。所以，在谈及坤土人养生的同时，实际上也包含了艮卦人养生。

坤卦人养生法：

坤卦人属于偏阴寒凉体质，多会出现手脚发凉，胃脘部、背部或腰部、膝部怕冷，容易患感冒，吃（喝）凉东西后容易腹泻等。养生的原则是“温阳”。所以，坤卦气质的人不仅在夏天要少吃冷饮、冰镇食品，而且空调也要少开，或者注意温度的调节与室外温度相差最好别超过6°C。

日常生活中要多吃一些温热食物，如桃、杏、大枣、荔枝、桂圆肉、佛手、金橘、杨梅、石榴、木瓜、槟榔、松子仁、桃核仁、樱桃等性温水果；如葱、大蒜、韭菜、香菜、雪里蕻、洋葱、香椿、南瓜、辣椒等性温热蔬菜；肉食类如黄牛肉、牛肚、牛髓、狗肉、羊肉、羊肚、羊骨、羊髓、乌鸡、鹿肉、蚕蛹、羊奶、虾、蚶子（毛蚶）、淡菜、鲢鱼、带鱼、鳊鱼、鲶鱼、刀鱼、鳟鱼、黄鳝、鳙鱼（胖头鱼）等都是性温之物。

此外，多食生姜也可以帮助坤卦人提升阳气，春夏季节除晚餐外，应该多吃生姜，最好早晨吃3～5片。或者用姜枣汤，即用生姜加红糖、大枣煮水，生姜升阳散湿，大枣、红糖补气血。而且很多阳虚体质的人多伴有痰湿，生姜尤其适合阳虚挟痰湿体质。

坎卦人养生：偏阴偏寒防止肾脏疾患

【释名】《易经·说卦》说：“坎为水”，“坎，陷也”。很清楚，坎卦象水，秉承水之气，因此，多性至阴柔。所以，此型人一般阴气较重，而阳气耗损较少，所以，属于是寿长之人。

【体象】坎水气质的人，往往表现在面相上就是面青、偏黑、脸长且瘦。一般个头中等，脉沉。坎卦主耳，所以，此型人还有一个显著特点就是耳朵偏大。

从内在气质来看，坎卦人非常内向，一般而言，此型人善于出谋划策，但多长于心计、城府较深。

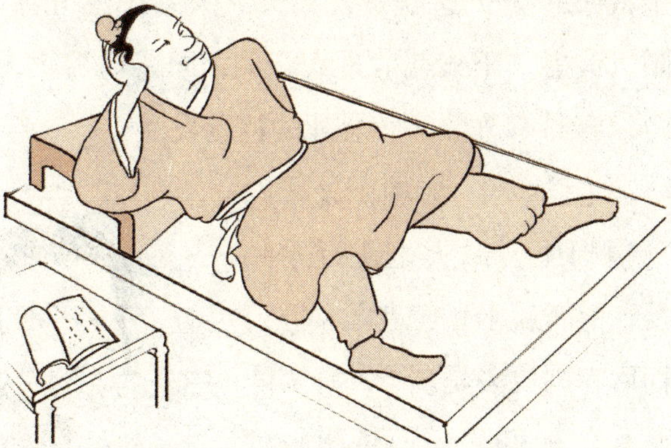

【疾患】坎水人，水性偏寒，一般多阴少阳寒气通于肾，再者，坎卦对应的人体部位为耳，而肾开窍于耳，综合起来看，坎水之人主要要防患的就是过寒伤阳而出现阳虚。因为偏内向，因此还需要防止患抑郁症。

坎水人养生法：

坎水之人多阴少阳，从食物的角度来看，需要防寒。以避免寒气过盛而伤及肾阳。平时可以多晒晒太阳，尤其是对于背部的保暖要注意，秋凉之天要注意穿马甲防止受寒。

从食物的角度来看，坎卦人应该多吃一些温热性的食物。如砂仁胡椒肚，即用原料砂仁20克，猪肚1 000克，胡椒粉、味精、辣椒油适量。然后将猪肚放入沸水中汆透，去内膜，备用。然后将清汤倒入锅中，放入猪肚，加生姜同煮，熟后捞出晾凉，切片。再将砂仁研末，与胡椒粉调匀，再加味精、辣椒油少许，与熟肚片拌匀即可。对脾阳不足、食欲不振及胃寒引起的脘腹痛等有很好的疗效。

离卦人养生：偏阳偏热防止心脏疾患

【释名】《易经·说卦》说：“离为火，为日”，在《易经·离卦》中进一步说：“离，丽也，日月丽乎天”。其义理代表了丽，象征了太阳和火，这就是说离火之人多阳性旺盛、火气充足。因为此型人阳气偏盛，阳气耗散过大，加之阳盛灼阴津，所以，一般此型人寿命偏短，容易有急性病和暴死的情况发生。

【体象】与坤土之人的沉稳相比，离火之人近乎相反，前者属于是“老黄牛”，而后者则更多是属于冲锋陷阵之人。他们一般面色比较偏红，头偏小，眼也偏小，但目光敏锐。与坤土人的迟缓不一样，离火之人反应迅速，属于是眼睛一眨就能计上心来的人。不仅脑子转得快，而且行动也非常迅速，爆发力强，适合做一些创造性的工作。

【疾患】离卦对应的人体部位是目和舌。而心开窍于舌，所以，此卦人应该在养生上防止因为性急气血上涌而出现眼疾和因为火气通于心而出现如冠心病、动脉硬化等心系疾病。离火快，所以离卦人大多性子急，这类人平常也是火体热体，如果日常生活中总爱生气，还容易导致脑出血。一旦血压高还容易出现脑中风。

离卦人养生法：

就总的养生原则而言，离火之人要注意静养生。日常保健要少生气、多养神；多吃偏凉性的食物，少吃温热的食物，以此来维持体内水火阴阳的平和。

（1）寒凉食物

中医学认为，“寒者热之，热者寒之”。那么，如何利用食物来灭燥气之火呢？总的原则是要多吃一些寒凉食物，比如白萝卜、丝瓜、莲藕、茭白、梨、柿子、荸荠、菱角、桑葚、番茄、黄瓜、甜瓜、香蕉、甘蔗、芒果、竹笋、西瓜、枇杷、苹果、苦瓜、冬瓜、慈姑、蕨菜、马齿苋、芹菜、淡豆豉、海藻、海带、螃蟹等等。该类食物多有滋阴、清热、泻火、凉血、解毒之功效。

（2）养神

《黄帝内经》说“精神内守，病安从来”，这一点对于离火卦人来说尤为重要。守住内心的一份恬静。日常生活要尽可能安排得丰富多彩，尽可能少生贪欲，或者有意识地修炼心身。《寿亲养老新书》里载有十乐：读义理书、学法帖字、澄心静坐、益友清谈、小酌半醺，浇花种竹、听琴玩鹤、焚香煎茶、登城观山、寓意弈棋。清代画家高桐轩也有“十乐”，即耕耘之乐、把帚之乐、教子之乐、知足之乐、安居之乐、畅谈之乐、漫步之乐、沐浴之乐、高卧之乐、曝背之乐。可见，在生活中结合自己的情趣爱好，不仅是生活的丰富，还是一种生命的颐养。

巽卦人养生：偏阳偏风防止肝脏疾患

【释名】《易经·说卦》说：“巽为木，为风”。风主动，其性属阳，所以说，巽木气质的人一般偏阳性，此类与离火人大体相当，一般性急好动，所以，阳气耗散较快，而且偏阳气质有灼阴津之嫌，所以，巽卦人的寿命也要稍微偏短一些，但其阳盛不及离火之人，所以寿命一般比离火之人要长。

【体象】此类人一般多个高体瘦，脉相弦。《易经》中说：“巽为风，君子以申命行事”。巽卦的象数是风，是木卦，或者狂风暴雨，或者和风拂面，所以，这类人的特点就是敏捷如风，但善变也如风。冷热无常喜怒多无常是他们一个典型的特点。

【疾患】巽卦对应的脏腑是肝，而且属风，风气通于肝，所以，巽卦人通常易患外风引动内风出现肝系疾病症状；又因为其具有过敏和善变方面的特性，所以很容易得过敏和神经方面的病症，如神经症、癔症这一类的病症；如果性急易怒，还容易得高血压。

巽卦人养生法：

巽卦人疾心好动，所以，在饮食调养方面，适合吃一些青色蔬果，但要注意少吃如豆芽、香椿、蒜苗等生发之物。就脏腑的养生而言，最为主要的就是养肝。这一点因为在五脏养生中会详细提到，所以，这里仅仅做一些简单的说明，以供参照。

就季节的对应来看，巽卦对应的春夏间，而这两个季节是属于生发的季节，人体各脏器也频繁活动起来。所以，补养肝应该顺应生发以补养肝。中医学认为，多喝粥对于养肝很有好处。

比如，猪肝绿豆粥，即用新鲜猪肝100克，绿豆60克，大米100克，食盐、味精各适量。先将绿豆、大米洗净同煮，大火煮沸后再改用小火慢熬，煮至八成热之后，再将切成片或条状的猪肝放入锅中同煮，熟后再加调味品。此粥补肝养血、清热明目、美容润肤，可使人容光焕发，特别适合那些面色蜡黄、视力减退、视物模糊的体弱者。又如，枸杞粥，即用枸杞子30克，大米60克。先将大米煮成半熟，然后加入枸杞子，煮熟即可食用。特别适合那些经常头晕目涩、耳鸣遗精、腰膝酸软等症病人。肝炎患者服用枸杞粥，则有保肝护肝、促使肝细胞再生的良效。如果肝肾亏虚引起的头晕眼花、失眠多梦、耳鸣腰酸、须发早白等症，还可以采用桑葚粥，即用桑葚30克(鲜桑葚用60克)，糯米60克，冰糖适量。将桑葚洗干净，与糯米同煮，待煮熟后加入冰糖。该粥可以滋补肝阴，养血明目。

此外，就日常生活保健而言，养肝还要做到：多饮水、少饮酒、平衡饮食、心情舒畅、适量运动、宽松衣带。

从八卦与《易经》养生的联系来看，就很清晰地能看出：八卦分出五卦人，而五卦人又和五行相联系，也和阴阳相联系，甚至和风寒暑湿燥火也密不可分。如何理清其中的头绪呢？这里再总结性做一个说明，即乾卦人就要凉润养生，而坤卦人就要注意风温养生以应对脾湿；离卦是阳火、阳热，热就容易伤阴，导致阴虚，所以离卦人则要低温养生；坎水人性至阴柔，要注意多补养阳气；巽卦人偏阳，则需要防止高血压，进食一些寒凉性食物。

第四章

《易经》阴阳原理与对抗衰老

从易学上看，人生于阴极，长于阳极，而后归于阴极,伴随了生命的始终。“气”都是人们生命活动的基础，所以，养生就是养气。从阴阳的角度来看，阴气和阳气对人体的作用也各不相同，阴气决定人的寿夭，而阳气决定人体的盛衰；从机体内在的和谐来看，则事关肾元之气、五脏之气等。日常生活中，说一个人健康茁壮，生命力旺盛的时候，人们常会说“有朝气，有生气”，而在一个人生命结束的时候，除了因为避讳等原因外，也会说其“没气了，断气了”，事实上，“气存则生，气失则亡”说的也是这个道理。

第一节

认识阴阳，养生就要把气养好

一阴一阳谓之道，天地氤氲中化生的阴阳二气，其盛衰消长决定了人体的生、长、衰、亡，因此，养生的过程也就是阴阳平衡的过程，只有阴阳动静相兼、刚柔相济，才能维系平衡，而调养身体达到阴阳平衡有一个基本的前提，即认识阴阳，了解阴阳。

养生绝学四：养好正气延缓衰老

《易经》对于养生的指导就像和尚头上的虱子一样，明摆着的：一阴一阳谓之道；一阴一阳为之太极；一阴一阳为之医；一阴一阳为之易。《易经》作为群经之首，有“医学圣经”称誉的《黄帝内经》都起源于自然，其内核都是阴阳五行说。《易传》曰：“一阴一阳之谓道，继之者善也，成之者性也”，在这里从哲学的高度奠定了一种理论上的高远的指导。这一点很明显得到了医学的吸纳，并被一以贯之。例如《素问·阴阳应象大论》中说：“法于阴阳，和于术数”、“阴阳者，天地之道也，万物之纲纪，变化之父母，生杀之本始，神明之府也”；在《素问·生气通天论》中说“阴平阳秘，精神乃治；阴阳离决，精气乃绝”、“凡阴阳之要，阳密乃固”；在《素问·阴阳应象大论》还说：“阳生阴长，阳杀阴藏”、“阳化气，阴成形”、“阴在内，阳之守也；阳在外，阴之使也”；而在《素问·金匮真言论》则明确说“阴中有阳，阳中有阴”等等。

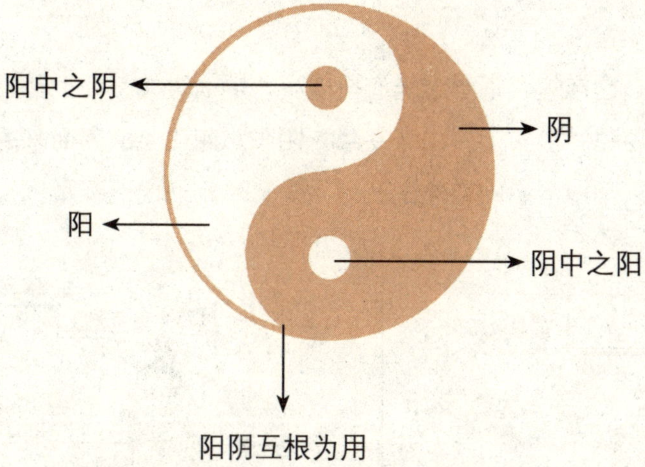

不仅是《黄帝内经》，就是在其他医家或著述中对于阴阳也有精当的阐述：《医源·阴阳互根论》中有说：“阳不能自立，必得阴而后立，故阳以阴为基，而阴为阳之母，阴不能自见，必待阳而后见，故阴以阳为统，而阳为阴为父”；《类经附翼·求正录·真阴论》认为：“阴不可以无阳，非气无以生形也；阳不可以无阴，非形无以载气也”；《医宗金鉴·删补名医方论》记载说：“一阴一阳者，天地之道；一开一和者，动静之机”；《医理真传》则认为：“人身所恃以立命者，其惟此阳气乎！阳气无伤，百病自然不作，阳气若伤，群阴即起”；《伤寒来苏集·伤寒论注》则认为：“阴阳互为其根，阳中无阴，谓之孤阳；阴中无阳，便是死阴”等等。从上面众多的论述中，可以看出阴阳概念在中医学中的应用是相当广泛而重要的。

由此，从其内在的关系来看，尽管阴阳备于《黄帝内经》等众多著述，但其变化莫大乎《周易》。甚至在清代医家章楠看来，《易经》这部书一言一字都隐藏着关于医学的指导，唐代的孙思邈也说：“不知《易》，不足以言大医。”这话的意思说得很明白，即不懂得《易经》的相关原理，就不能算是一个懂得医道的医生。尽管对于医生来讲，话似乎有些许的刻薄和刺耳，但《易经》对于养生的重要作用则体现得十分明确。

自然，这样的套话听起来有些虚妄，那么，《易经》在临床上有什么样的表现呢？事实上，由《易经》阴阳思想化生演变而来的命理旺衰之说，与医学中治病的寒热配药之术是息息相通的。现举例说明，其理自明。

1.腹泻不止，久治而不愈，这可怎么办。

2.你还是另请高人吧，老朽也无能为力呀。

3.于是根据这个医理，黄子厚在富翁的百会穴上采用了艾灸之术，过了不久，富翁的腹泻就止住了。

4.天上的气如果运行没有规律，那么地上的气也就不能升腾，由此推知，解决的方案应该在“天上”。

例1：话说清代名医俞东扶在《古今医案按》中记载了这么一个治疗的医案：江西有富翁长期腹泻不止，久治而不愈，于是该富翁厚礼请邻县名医黄子厚为其治疗，但时过近半月，病情依然不见好转，黄子厚愧别富翁而去。话说有一天，这位名医在翻阅《易经》的时候，读到乾卦时，突然有所顿悟，认为天上的气如果运行没有规律，那么地上的气也就不能升腾，由此想到这位富翁的病很大可能就是因为气不能上举而造成的，并由此推知，解决的方案应该在“天上”，于是根据这个医理，黄子厚在富翁的百会穴上采用了艾灸之术，过了不久，富翁的腹泻就止住了。

道理何在？原来，百会穴高居人体至高之位，主人体一身之气，如果它的气机运行失常的话，那么，缘起就会因为不能升腾而下脱，自然就会生腹泻等病，艾灸百会穴就能使人体之气正常运行，脾胃之气也就会随之得以正常上升，因此，腹泻便得到了治疗。从这个医案我们可以看出，蕴含自然之道的《易经》实际上也包含着人体功能之大理，故此，医《易》相通得到了证实。

例2：在中国近代名医张锡纯的《伤寒论讲义》中，有这样一个医案：奉天大西关宫某，年龄30余岁，胸中满闷，常作呃逆，连连不止。调治数年，病转加剧。其脉洪滑有力，关前尤甚。

知其心火炽盛，热痰凝郁上焦也。

逆用：朴硝200克（四两），白矾50克（一两）。

掺炒熟麦面200克（四两），炼蜜为丸，15克（三钱）重。每服一丸，日两次。服尽一料痊愈。

这个案例，前提是心火炽盛，热痰凝郁上焦。根据五行旺衰抑强扶弱的原理，当以水调候，土泄之，这是《易经》命理学中的理论，其实，中医治病也是这个原理。这里先简单就朴硝、白矾及大麦的药理做一个比较说明。

朴硝，气性味苦、寒，无毒。除寒热邪气、逐六腑积聚、结固瘤癖外，可主治百病；矾石：性味酸、寒、无毒。主治寒热；大麦：性味咸、温、微寒，无毒，主治消渴除热，益气调中。

不难看出，3种药物均是属寒，在五行上是坎宫为水，心在五行上为离宫为火，然这里妙在调以炒熟麦面，因将熟麦面一经火炒，麦虽有本性之寒温，但主体变成了火气，可代表心谷，此是药与人身之病心火合一了。这样将炒麦面与朴硝、白硝配合在一起，就构成了五行水克火，这样在人服下前就调和了朴硝、白硝的寒性，不致直接去克人体的心火了。再看药方所使用的药量也是有着玄机的，朴硝200克（四两），白矾50克（一两），炒熟麦面200克（四两），合之数为九数为离为火为心，但又均是寒性之物，可见数理之性亦是与所治之身体之器官的五行之数是统一的，取朴硝200克（四两），白矾50克（一两）之理在于白矾占一个白字多少有些金气，寒性较强，故少取为佳以免伤着离火，再加之50克（一两）之数亦是坎宫水旺之数，朴硝200克（四两）与白矾50克（一两）合之为五数为土之数，亦是先天八卦巽木之数，均有制水生火之象。因炒熟麦面是掺而用之的，故与硝同量，又合为八数，为坤土，故有养脾胃泄心火之用，同时又有防朴硝、白矾寒气太旺之功。炼蜜为丸，为寒气调合好藏于土中，如四柱命学中的旺火可用湿土去泄一样，15克（三钱）重，亦有玄机，三者为震木之数，又为离火之数，既有木火相生之用，又有木制旺土发挥寒水降心火之功。

之于此，阴阳对养生意义可见一斑，医《易》相通可见一斑。难怪乎《黄帝内经》在其前篇就说“故阴阳四时者，万物之终始也，死生之本也。逆之则灾害生，从之则苛疾不起，是谓得道。道者，圣人行之，愚者佩（背）之”。正是站在医《易》相通的高度，方解古人说“不明易者，难为良医”的道理所在。

说文解“气”：水谷精微乃养生之要

气，象形。甲骨文、小篆字形。像云气蒸腾上升的样子。《说文解字》说："气，云气也"。又按解说"云者，地面之气，湿热之气升而为雨，其色白，干热之气，散而为风，其色黑。"对于气，先哲普遍认为，气无处不存在，气构成万物，气不断运动变化。《老子》云："万物负阴而抱阳，冲气以为和。"

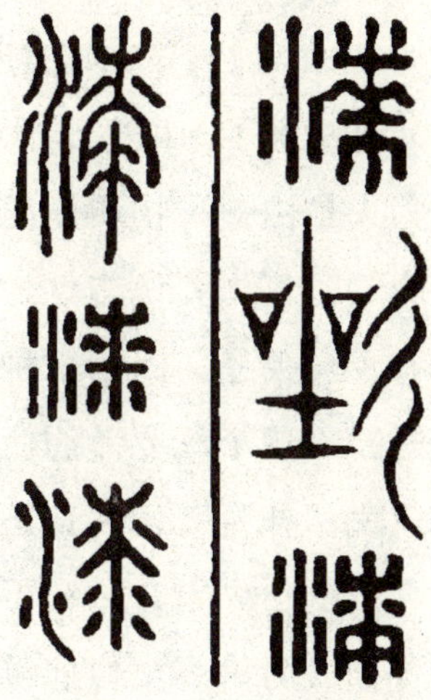

金文·气

《易经》中有非常著名的八个字："天地絪缊，万物化醇"，这句话之所以说非常著名，在于其解答了生命的起源。絪缊什么意思？唐代张九龄在《湖口望庐山瀑布泉》中就说"灵山多秀色,空水共絪缊"；南朝陈徐陵《劝进梁元帝表》中说："自絪缊混沌之世，骊连、栗陆之君，卦起龙图，文因鸟迹。"宋代周密在《齐东野语·贾相寿词》中说："听万物絪缊，从来形色，每向静中觑"；清代龚自珍则在《辨仙行》中说："仙者乃非松乔伦，亦无英魄与烈魂；彼但堕落鬼与神，太乙主宰先絪缊。"从这些引述大家也可以体悟到"絪缊"两个字，是在描述一种情态，即烟气、烟云弥漫的样子，仿佛是气或光混合动荡的一种景象。"化醇"作为中国古代辩证法思想术语。指的是万物因阴阳二气之和会而发生的普遍变化。

总体说来，这里的意思是说最早的混沌原始之气孕化阴阳，而阴气和阳气的相互作用，才诞生了万事万物，人也不例外。《易经》中讲：易有太极，是生两仪，两仪生四象，四象生八卦。由此可见，生命的形成，是逐渐的气化过程，阴阳二气或消长或生克，通过相互作用而化生万物。最早的人类就是由宇宙运动产生的气慢慢演化成各种各样的物质，最后演化到人，然后男女交媾，阴阳合德产生人。所以，日常人们都说“人活一口气”，其实道理也就在这里。

话说回来了，颐养人体生命的气到底是怎样的一种气呢？我们祖先认为人是由一种物质构成的，这种物质就是“气”。说到支撑人体生命的气，首先要说的就是“肾元之气”，即常说的“元气”，它和肾精有密切关系。因为这种气化于精，而精是藏于肾的。这种气是与生俱来的。这个气要节约使用，要恰当地保养。所以，平常很多人动不动就说“补肾”，尤其是少数男人将“补肾”挂在嘴上，事实上，肾元之气受之先天，是补不了的。如果要说“补”也就是好好保养，免得耗损太厉害，类似地说，就是跟“节约开支”也是在“挣钱”是一个道理一样。

此外，颐养人体生命的气，还有空气和水谷之气，这种气是给我们身体增加能量的，不呼吸不行，而不吃饭，会气不足。这里也有一些养生的道理在里面，比如很多人整天挥汗如雨，结果练出了一身肌肉，而健康的提升却不那么明显，而有的人整天在那里吞咽自然界的气，结果身体健康吃饭饭香。简单说明一下，吞咽自然界的气，实际上也就是古代养生所倡导的吞日精和月精。这话怎么讲？具体说，就是在太阳刚刚初升的时候一次，日中时候一次，日落时候一次，共三次。面对日光做深呼吸，同时把这个日光中的气（叫日精）吸收到体内，可以增加我们身体的阳气。所以，到了夏天的时候，尽管不给你推崇“夏练三伏”，但也大可不必跟阳光有冤仇一样地总是躲避。不仅如此，吞津法在关键时刻还可能成为救命的法宝。比如有一个颇为通晓养生之术的人，不慎吊到枯井里去了，他就想起古书上这个吞津的记载。于是他举起双手，以百会穴来采撷天之阳气，然后就用舌头搅拌唾液，满口津液之时，再徐徐咽下。做了功以后，气就来了，几天以后人们才发现并把他救回来，虽然枯瘦如柴，但大脑却依旧清醒，并因此捡回了一条命。

在太阳刚刚初升的时、日中时、时落时，面对日光做深呼吸，同时把日光中的气（叫日精）吸收到体内，可以增加人体的阳气。

说到水谷精气对于生命的颐养，人们从造字上就可以看出一些道理来。气，繁体为“氣”，上下结构，下为“米”，上为“气”，很明显，水谷精气是要从吃饭中来的，吃不好饭补什么都没用，所以，现代人容易生出一些“富贵病”的道理就在这里，钱包鼓起来了，就不好好吃饭，早上是汉堡，中午是快餐，晚上是烧烤加啤酒，变着花样地“丰富”自己的生活，就是有一条，即哪壶不开提哪壶，什么都吃，唯独不好好吃饭。人体水谷精气都要来源于好好吃饭，既然饭没吃好，自然，病也就来了，所以，关于饮食，人们说得比较多的一点是“民以食为天”，这里的“食”，可以理解为食物，但更多时候指的是通常意义上的“饭”，是能生水谷精气的“主食”。

自然，吃饭很重要，但也不是唯一的途径。比如，采撷天地之精气颐养生命，还有一种较为古老的养生之术，即吞津功。《黄帝内经》有记载说“天地合气，命之曰人”，意思即为人是受天地之气来养生的。所以，吞津之所以对健康大有裨益，说到底还是因为吞津能养气。利用养气来养生的这一方法，不仅适合于平常的健康保健，对于那些有肾病或肾亏的人帮助也很大。具体做法：静心呼吸之后，用舌头搅拌舌下的唾液，并徐徐下咽，这就是吞津功，中医上也叫做“饵舌”。舌头下面的津液，每天数十次，可以养生长寿。因为舌头下面的液体是肾液分泌的，吞下去可以养肾、助消化、增加抵抗力。所以，人体充满了宝贝，唾液也是需要你一口一口咽下而不是吐掉的宝。

说到这里，有一个有趣的故事。据古书记载，话说一闺阁小姐生病了，身体日渐消瘦，她不着急，其老父亲急了，把老中医请来。老中医在屋里转了一圈后，吩咐丫鬟将门后一大堆瓜子壳扫起来，熬水给小姐喝，小姐家人将信将疑，但还是嘱咐丫鬟照办。没过多长时间，小姐的病真的慢慢好转了。后来，拜谢老中医的时候，方才了解真相：小姐的病根在瓜子上。因为她的唾液随着瓜子壳都被吐出去了。所以，吃瓜子的时候不要用嘴磕，而要用手剥。

一生二，养生一阴一阳谓之道

“一阴一阳谓之道”，《易经》博大精深，其研究和应用的范围很大，孔子在《易传》里说“弥纶天地之道”。意思是说包括了宇宙中所有的人、事物和道理。“一生二”，如果我们从理解的角度，将“氤氲之气”看成是“一”的话，那么，“阴阳之气”就是“二”。所以，追本溯源，事物的最根本的属性是阴阳。这是《易经》的内核，也是《易经》最基础、最基本的原则。

说阴阳是《易经》的内核，是生命之本，那么，到底何为阴又何为阳呢？

凡是运动着的、表向的、上升的、温热的、明亮的，都属于阳。
相对静止着的、内求的、下降的、寒冷、晦暗的，都属于阴。

从中国汉字的造字法来看，有象形、会意、形声、指事、假借和专注等，要知道什么是阴阳，就得先知道“阴”和“阳”两个字的来头。从字源上看，“阴阳”都有一个左“阝”，即古文中的“阜”字。《说文解字》中，“阜，大陆也，山无石者，象形”即指一种没有石头的土山，也就是说，“阴”与“阳”都是对这个无石之山“阜”的一种形象化的描述。创字之初，“阳”就是指的“阜”的日光可以照见的一面；“阴”则相反，指的是“阜”之未被日光照射到的一面。固然，这反映的还是阴与阳较为原始的一种本意，这样确定的阴阳，是随着时间的变化而变化的，渐而，阴阳有了一种升华和延展，《素问·阴阳离合论》中“岐伯曰：‘外者为阳，内者为阴。

然则中为阴……’”阴阳就有了一个稳定的“定”义。可见，阴阳最初涵义是非常朴素的，就是表示阳光的向背，向日为阳，背日为阴，在逐渐的认识过程中，阴阳进入了一个升华的阶段，延伸至气候的寒暖，方位的上下、左右、内外，运动状态的动与静等。一般来说，凡是运动着的、表向的、上升的、温热的、明亮的，都属于阳；相对静止着的、内求的、下降的、寒冷、晦暗的，都属于阴。以天地而言，天气轻清为阳，地气重浊为阴；以水火而言，水性寒而润下属阴，火性热而炎上属阳。结合人体来看，功能与物质来说，阴气指物质；就脏腑功能来说，则五脏之气为阴气；就营卫之气来说 ，则营气为阴气；就运动的方向和性质来说，则行于内里的、向下的、抑制的、减弱的、重浊的为阴气，而与之相对应的则属于是阳气。

就此，与《易经》一脉相承的《黄帝内经》以“黄帝的第一问”开篇，在黄帝与岐伯的问答中，就谈到了养生的一个根本性的准则：“法于阴阳，和于术数”。天地是阴阳的一种运化，万事万物皆是如此，自然，人之生老病死也是如此。 从生与死的角度来看，人在刚面世的时候，是哭着来的，往往走的时候多带着一种“微笑”般的安详；人来到人世的时候，是手把拇指扣在里面握住拳头而来的，走的时候往往是“撒手人寰”而去的。试想，这一生一死、一哭一笑，一握拳一撒手，事实上也是一种阴阳的互动。生死如此，疾患亦然。

从每组正反两方面对立的意义来说，表证、热证、实证可归属于阳证范畴；里证、寒证、虚证可归属于阴证的范畴。因此，阴阳八纲中总纲，一切病证都可以归之为阴证或阳证的大原则中。就像电脑信息的编码一样，中医没有用“0和1”来表示，而是用了阴和阳来加以概括。作为中国古代朴素的唯物论和辩证法思想，它认为世界是物质的，物质世界是在阴阳二气的推动下孳生、发展和变化的。

生命缘起：天地氤氲，万物化醇

且不说那些科学的考证和其中繁复的演化，就从生命存在的时间来看，9亿年前开始有了原始生物，到了7000万年前有了动物，到了200万年前有远古人类，这样的一个发展历程，就可以看出，生命来自非生命。

关于生命的起源，《易经》也有所阐述，而且早在数千年前就做了"唯物论"的演化说明。《易经》提出了"天地氤氲，万物化醇"的论断。所谓的氤氲就是阴阳二气交融时产生的气化现象，醇同纯。这里的意思是说，天和地密切结合起来，万物就变得纯粹了。《易传》认为，有天地然后有万物，有万物然后有男女，有男女然后有夫妇，有夫妇然后有父子，有父子然后有君臣，所以天地是万物化生之源。这里很明确地将氤氲之气看成了生化万物的原始太气，是生命化学最为基本的物质。从上面我们提到的场的观点来看，《易经》非常重视天地的交感，其中泰卦即是由天卦和地卦组成的，即有"坤气上升以成天道，乾气下降而成地道"。对此，《易·序卦》也说："有天地然后万物生焉"，也说明了天地两气相交，然后才有万物。而在这样的交合过程中，大到天体星球运动、日月运转、火山爆发、霹雷和闪电，小到光能、热能、放射等，都在生命形成过程中充当了"催化"作用，无机小分子变成有机生物大分子，逐渐形成蛋白质，而后产生了生命。

当然，在提到"天地氤氲，万物化醇"的时候，还有两个词也是需要提及的，那就是"男女构精，万物化生"。现在大家很容易就知道男女两性的精气配合起来，就能孕育新的生命。试论，天地作为实体，成为一对最本原上的"夫妇"，那么，万物就成为运化后的生生不息的"子女"。对此，《易经》用人和其他动物的生殖活动类比乾和坤的活动，“夫乾，其静也专，其动也直”，“夫坤，其静也翕，其动也辟。”乾元就是“万物资始”，万物领先它起始；坤元是“万物资生”，万物依靠它产生。认为“天地不交而万物不兴”，“天地相遇，品物成章也”，“天地革而四时成”，即天地通过交感相遇，相革，即朴素矛盾，朴素交感，对待统一而产生万物。

“男女构精，万物化生”，男女两性的精气配合起来，就能孕育新的生命。

钻进去还得爬出来，回望过去，还得把握现在。探索生命的缘起，人们所能收获到的是什么呢？阴阳之道！是的，《易经》提出了“一阴一阳谓之道”，这不仅能通过氤氲之气来解释生命起源，同时，也能濡养生命。人在出生之后，阴阳就由混沌的状态开始转化为了耗散的状态，既然是如此，因此难免就有不平衡的情况出现，所以，人的身体就会有虚实盈亏等表现，也因此，中医学认为在养生的过程中，实际上也是一个平衡阴阳的过程。延缓阴阳的耗散就是延长生命，而加速耗散就是缩短了生命。而平衡方能健康不生病，这也是《易经》在阐释生命缘起的时候所给予养生的切实指导。

生命衰亡：生命起于阴衰于阳

阴阳盛衰决定生老病死。《易经》认为，生命起于阴极，衰老等则开始于阳极，而生命最终又归结为阴极。所以，从《易经》的这一认识出发，人们不难理解，人只要一出生，那么，生命就已经开始了，这个时候随着岁月的更替，成长阶段体现为接近阳极的状态，而在衰老阶段则回归到阴极，而且离阴极越近，衰老也就表现得越严重，而人体生命抵达终点的距离就越小。由此，人体生命盛衰的过程实际上也是阴阳消长变化的过程，是在生死之间历经生、长、壮、老、死的一个过程。

人存在于自然，与万物类同，既与外界进行着各种物质、能量与信息的交换，同样也跟万物一样历经生与死的过程。客观讲，这是一个任何人都不可回避的事情。那么，为什么要谈养生呢？据统计，中华民族在各个历史时期的平均寿命则是：夏代，18岁；秦汉，20岁；东汉，22岁；唐代，27岁；宋代，30岁；清代33岁；民国时期35岁；中华人民共和国1957年，57岁；1981年，68岁。中国人口寿命一直呈上升趋势。今天，上海、广州等大城市的人均寿命已与世界发达城市相同，为76岁上下。需要说明的是，现在的平均寿命尽管不同程度地有所提高，但还远远没有活到天年。

那么，人到底能活多少岁呢？科学研究表明,各种动物的寿命期与本身的生长期有关，约是生长期的5～7倍。人的生长期为20～25年，那么自然寿命应该是100～170岁。也有科学家认为，一般哺乳动物最高寿命约相当于它的性成熟期的8～10倍，据此推算人的性成熟期是14～15岁，那么人的自然寿命应该为110～150岁。还有科学家从胚胎细胞分裂次数来分析，认为人类细胞分裂次数是50次，平均每次分裂周期是2～4年，因此人的寿命是120岁。还有人认定，人的怀孕期平均266天，以自然界在发展过程中的结构或组织的变异时间推算，人的自然寿命的最高点为167岁。所以，从这个角度，我们说养生的意义并非是告诉大家逃避死亡，而是让大家在生活的时候健健康康，尽可能都颐养天年而自然死亡。

要从科学计算的人体的天命来看，现在的人基本上都算是“中年夭折”，因为基本上相当于平均年龄的两倍了。这就是生命只走完了一半的历程，这大概也体现了养生的紧迫性和任重道远。养生的意义从孔子身上我们也可以看出来，在中华民族呈现逐渐攀升的态势中，夏代的平均寿命仅仅是18岁，而孔子在那个生产力极其低下的年代，竟然高寿活到了72岁，即使老年人也不应该气馁，毕竟孔子在说“五十知天命”的时候，还在那个物质相对匮乏的年代又活了20多年，所以，对养生要投入积极的态度，以免陷入人老了，阴气重了，越不想动阴气越盛而阳气越衰的恶性循环之中，最终导致阴气盛极而阳气竭尽而亡。这也指导大家在养生的时候，一定要益阳，才能有效抗击衰老，延缓生命的长度。

此消彼长，阴阳平衡中的养生启示

世界是物质的，但同时物质又是运动变化的，所以，阴阳并不是孤立和静止不变的，而是存在着相互依存、此消彼长和阴阳转化等关系。阴阳平衡身体才会“安然无恙”，所以，对于阴阳相互关系的认识则是我们在养生上贯彻平衡之道的前提。阴阳两者是什么样的关系呢？可以从下面三个基本的方面进行说明：

阴阳平衡

（1）阴阳互根互源

类似于鸡生蛋蛋孵鸡一样，阴与阳互根互源。中医学有“阳根于阴，阴根于阳”、“孤阴不生，独阳不长”和“无阳则阴无以生，无阴则阳无以化”等论点。意思是说，阴阳相互依存，跟我们哲学中学习的一样，就是相斗争而发展，相对立而存在，即任何阳的一面或阴的一面，都不能离开另一面而单独存在。

“黄帝曰：夫自古通天者，生之本，本于阴阳。天地之间，六合之内，其气九州、九窍、五藏、十二节，皆通乎天气。其生五，其气三，数犯此者，则邪气伤人，此寿命之本也。”从黄帝的话中我们不难明白，自古以来人与自然界的密切结合是生命的根本，阴阳是生命的根本。以自然界来说，外为阳、内为阴；上为阳，下为阴；昼为阳、夜为阴；以人体

鸡生蛋，蛋孵鸡，二者的相依存。

生理来说，功能活动属阳，营养物质属阴。“孤阳不生，独阴不长”，说明两者是相互依傍、存亡与共的，营养物质是功能活动的物质基础，但同时又需要功能活动来进行吸取。

（2）阴阳此消彼长

“阴阳相贯，如环无端”。也就是说阴阳各有“俞会”，出极还入，入极反出；内外循环周而复始，生命不息而出入无已。指阴阳双方在对立互根的基础上各自近乎摆钟一样此消彼长地运动变化着，尽管如此，这里仍然有一个阴阳平衡的问题，这就像摆钟的摆针一样，如果左右上下的摆动在大致相当的幅度，则时钟就能正确地显示时间，否则，则会出现一种失常，于钟表就是不能正确的告诉人们时间，于人们健康就是“阴阳消长”超出了一定的限制，不能保持相对的平衡，便将出现阴阳某一方面的偏盛偏衰，从而导致疾病的发生。健康出了问题，人们轻则不能正常地作息，重则卧床不起。

从另一角度看，人们也正是利用了这一理论对身体健康进行了一个表象的把握，临床上更是以阴阳的消长来说明临床的不同证候。如受冷后出现的胃寒腹痛、腹泻等则属于阴盛则见寒证；而急性肺炎、有高热口渴、皮肤红等急性热病症状则属阳盛则见热证。当然，并非不左即右地表现为阴阳的盛衰，有些时候是因为偏虚。虚为消，实为阳，这里的虚实是相对的。虚寒虚热都属于这种情况。如果某脏腑的阳偏虚，此为阳消，此时“阴”相对突出，因寒属阴，故阳虚见寒证，这种现象称为“虚寒”。如果某脏腑的阴偏虚，此为阴消，“阳”相对的突出，因为热属阳，故阴虚见热证。这种现象称为“虚热”。

当然，同样可以在掌握了阴阳的消长盛衰的规律基础上，由阴阳推知身体的问题，也可以由出现的症状来反推阴阳消长的相互关系，一方面可以起到推证作用，另一方面起到一个由病症到根本层面的病理的相互印证的过程。具体说来，阴阳的盛衰和消长与身体病证之间有如下两大关系：一是阴证，主要表现为面色暗淡，精神委靡，身倦肢冷，气短懒言，口不渴，尿清便溏，舌淡，脉沉细无力；二是阳证，主要表现为面红身热，神烦气粗，声大多言，口渴饮冷，尿赤便干，苔黄，脉数有力。

从阴阳消长关系中我们不难找到日常生活的一个答案，为什么有时候我们出汗反而感觉冷，为什么我们拉肚子刚两天就瘦得跟变了个人一样。原因就在于阴在内，故而其运动方向都是一致对外的。而“阴胜则寒”，汗出多了就降温了，吐泻足以致虚。所以，从养生角度来讲，正常人行“阳道”，往往可以致“实”，会得病的；而虚弱人行“阳道”，则正好可以转壮，结果将是健康。所以说，“阳道实”只不过是一种“道”理：不知可致病；制而用之，足以却疾！那么，作为一种养生的大道，就是一种养生之术，是好是坏，在乎用者本人!

（3）阴阳的相对性

是不是自相矛盾呢？一会说“外为阳，内为阴”，一会又说阴阳是相对的。其实这是一个问题的两个方面。阴与阳是说明事物的两种属性，是在阐述代表对立而统一的两个方面。是世间万物相互关系的一种概括。而且这里的相对性，并非是针对同一个参照物而言，而是针对不同的参照物而言的。换句话说，必须根据互相比较的事物而定。就人体而言我们知道，体表为阳，内脏为阴；但就内脏而言，六腑属阳，五脏为阴；而再就五脏而言，心肺在上属阳、肝肾在下属阴；就肾而言，肾所藏之“精”为阴，肾的“命门之火”属阳。由此可见，事物的阴阳属性是相对的，阴阳也是在一定的比较下而言的。

阴阳的相对性，还在于阴阳的属性在一定条件下可以实现相互的转化，阴可以转为阳，阳可以转为阴。如果说“阴阳的相对性”还只是一个属性上的概括的话，那么，转化则是由量变到质变的过程。《素问》所谓“重阴必阳，重阳必阴”、“寒极生热”，“热极生寒”。说到底就是物极必反的意思。寒“极”时，便有可能向热转化，热“极”时，便有可能向寒转化。这也就是人们经常发现有的人尤其是小孩在发热的时候，突然出现了四肢厥冷、脉微欲绝等阴寒危象的征兆。此外，临床上常见的各种由实转虚、由虚转实、由表入里、由里出表等病证变化，也是阴阳转化的例证。

阴阳平衡是一个“大道”，在万事万物之间不仅要求得一种平衡，针对养生而言，在人体内部也需要求得一种平衡，这对我们养生有什么启示呢？换句话说，人们该如何维护我们体内的阴阳平衡呢？就其基本而言，需要做3个方面的工作：

第一，寒热平衡

温度对人体健康有非常重要的影响，结合阴阳的情况来看，寒则伤及阳，而热则会伤及阴，所以，如果不能很好地维持寒热平衡，那么，阴阳的伤及就在所难免，自然，平衡也就无从谈起，阴阳在体内的平衡没有了，健康也就没有了。

第二，气血平衡

从阴阳的角度来看，气属于阳，血属于阴，那么我们要维持阴阳平衡，气和血的平衡当然要保持。这里要多说一点就是血虚的情况，因为这在女性中很普遍，尤其容易发生在那些“女强人”身上，工作起来不要命，即使在月经期，也不注意休息，不注意养血、补血，很容易出现血亏。

女性怎么知道自己是不是血虚呢？这里可以为你大体做一个判断说明。血虚首先是面色发黄，没有光泽、萎黄，而且人没有精神，心慌心跳。因为血也是营养人体的，血虚就影响到气虚，可以出现爪甲苍白。如何益补血虚呢？远没有很多人想像的那么麻烦，比如，多吃一点红糖、红枣，一天吃两个红糖煮的荷包蛋，吃个三到五天就好了，如果对厨艺比较有兴趣的话，再来点当归炖鸡、人参炖鸡，血也就补回来了。“气为血之帅，血为气之母”。气是构成人体最基本的物质，血则具有营养和滋润全身的作用。气虚可导致血虚，血虚无以载气。所以气血的平衡对于身体健康的意义尤为重要。中医养生一般采用气血同补的方法效果甚好。

第三，燥湿平衡

很多人喜欢锻炼身体，但一通大汗之后，又很少喝水，结果出现大便干等情况，这其实是伤及了津液。体内水分太过贫乏不行，如果充盈成涝灾也自然不行。人体里这个水分，不能够正常排除，那很多情况是脾肾阳虚，应该赶快要去治疗。

《易经》中太极图中间为什么不用一条直线分两方，而要用反S形呢？这是因S形象征着太极图是不停地在维持着阴阳的动态平衡。《庄子》里有一句话叫做：“《易》以道阴阳”，就是说阴阳根于《易经》,而中医学的经典著作《黄帝内经》又发展了《易经》的阴阳，把《易经》的阴阳文化、阴阳哲理运用到我们人的生理病理中，运用到我们医学里来。让人的阴阳保持协调、保持平衡，这样，我们就不会生病了。

第二节

人活一口气，抗阴保阳防衰老

有关研究表明，人体自然生命在120岁之上。所以，这里所说的抗衰老并非是说要抗击人体的自然衰老，而是颐养生命，以防止我们的生命“未老先衰”。生命该如何颐养呢？基于阴阳的角度来讲，阴阳是互根互补的，按照阴阳的关系，阴根于阳，阳根于阴。阴为阳之基，无阴则阳无以化；阳为阴之动力，无阳则阴无以生。因为尽管人生于阴极，最终归于阴极，但毕竟阳极决定人的生命盛衰，延缓衰老，事实上也是在延长生命。

阴极而生，阴气决定寿命短长

阴、阳对人体的影响是不一样的，阴气影响人的寿命！这里不妨先来看看阴气之阴，大家知道，阴气是阳气化生的基础，从其内在来看，包括有精、血、津液三个基本的方面。从这个角度来说，人们要走出一个误区，那就是提到阴气就好像周身发凉，是一种病态的样子。

《易经》对阴气非常重视，从八卦来看，坤（地）、坎（水）、兑（泽）、艮（山）四卦是阴卦，阴卦象征阴气。这一点看上去离我们很远，实际上对于养生很近，甚至被很多老百姓所运用。从一些报道我们也能清晰地听到一个声音，说什么“长寿村”，也就是说，真正长寿的人往往居住在山村，这里面的原因是多个方面的。

比如，现在很多辛苦劳作的人，都喜欢光着脚丫走来走去，他们讲不出什么道理，为什么要这样呢？回答很简单：“舒服”。事实上，这样的做法很符合养生之道，一方面可以让天之气从百会穴得以灌注进来，再者，光脚丫又能使地之气从涌泉穴注入身体。所以，《黄帝内经》有说“阴精所奉其人寿，阳精所降其人夭”，道理很清楚，即秉承天之阴气的人能够长寿。

人兽同养，阴气对于人体寿命的颐养，我们可以从动物那里得到异曲同工的认识。千年王八万年龟，这二者都是长寿的动物，究其原因，就是它们生活的环境，阴气比较浓郁。又如，老虎凶猛异常，但其寿命还不及一条蛇，就是因为老虎阳气壮盛而蛇阴气浓郁的缘故。同样的道理，移植到人身上也一样，男人比女人刚强，显得更加具有力量和坚不可摧，但阴柔的女性却在寿命的统计中，总高出男性那么几岁，其实也就是因为女性阴气偏浓，阳气耗散比较小的缘故。

人兽同养，阴气对于人体寿命的颐养，从动物身上可得到启示。“千年王八万年龟”，它们之所以长寿，与其生活的环境阴气比较浓郁有很重要的关系。

至此，需要提醒大家的一点是，阴气这么好，能决定人的寿命长短，阴为阳之基础，无阴则阳无以化，养阴如此重要。为什么我们还要说抗阴保阳呢？是不是自相矛盾呢？不是这样！阴气包括生理性及病理性两类：生理性的阴是人体所不可少的，而病理性的阴是废物，是要排出的。对这个问题有了一个交代之后，接下来，我们再来看看天之阴气应该如何采吸呢？这就要我们在起居和日常活动的选择上做一个恰当的安排，掌握阴气存在的基本规律，并进而根据自身的体质情况颐养身体。

阴虚体质该如何利用阴气养生呢？

所谓的阴虚，指的就是阴偏衰弱，具体说来，就是人体精、血、津液亏耗，阴不制阳、阴液不足，主要是肾阴不足。究其原因，主要是邪热伤阴，五志（喜、怒、悲、思、恐）太过，化火伤阴，久病体虚耗阴。就症状表现来看，多五心（胸心、两手心、两足心）烦热、骨蒸潮热，面红上火，咽干口燥，消瘦盗汗（夜里睡醒出汗），舌红少苔，脉细数无力。

阴虚则热，所以，这个时候最为普遍的养生之道就是多喝水，水是阴气之源，没有水，生命就不能继续。所以，多喝水就可以从中多吸取阴气。此外，采吸天之阴气也很重要，去哪里采呢？自然哪里越丰富就去哪里采吸。天为阳，地为阴，地是阴气的矿藏，所以接地气十分重要，这就是说，应该经常赤足，这样地气可以从足心的涌泉穴上升入体，而且因为高为阳，低为阴，所以在低凹处，阴气较浓，因此，不从心里憋闷和采光等角度说的话，住一楼的人每天都能接着地气，要比住高层的人好。此外，北方是阴气产生的重要方向，所以阴亏养生要面北，以汲取北方阴气；因为昼为阳，夜为阴，日为阳，月为阴，所以阴亏的人养生，在夜晚面对月光效果最好。再就是海边、山林、河畔、高山等地的阴气较重，在这些地方做深呼吸，更容易吸入大量的阴气。

阴气调养，饮食也很重要，这个时候该吃点什么呢？生在向北、背阴处的食物，越冬的冬小麦，长在地里的地瓜、山药等；长在水里的东西，如藕、竹笋、荸荠、菱角等都是很好的常见食品。再者，以下食物也可以作为你补阴的一种参考。

◉ 兔肉

滋阴润燥、补中益气、清热凉血。主治阴液不足、烦渴多饮、大便秘结、形体消瘦、脾胃虚弱、食少纳呆、神疲乏力、面色少华等。

◉ 鸭蛋

滋阴清热、生津益胃。主治肺阴亏虚、干咳少痰、咽干而痛、胃阴亏虚、干呕、大便干燥等。

◉ 柿子

清热润肺、生津止渴、涩肠止泻。主治肺热阴亏、咳嗽痰黄、热伤胃阴、热病后期低热不退、口干口渴等。

◉ 香蕉

滋阴润肠、清热解毒、解酒毒、铅毒。主治胃阴亏虚、胃脘隐痛、口干口渴、热病后期、虚热烦渴、大肠液亏、大便秘结、排便困难等。

阳极而长，阳气决定生命盛衰

《易经》太极图实际上也可以看成是蕴含生命规律的“太极生命钟”，阴阳之气的消长变化就犹如是生命时钟的年轮一样，显示的是生命的盈亏，只要掌握了《易经》相关知识，那么，就能“读”出关于寿命短长的秘密。

这个依据《易经》而来的太极生命钟有什么规律吗？自然有！从出生到身体成熟，阳气逐渐增加，阴气较弱;到了中年，阴气就开始增加超过阳气居于主导，“阴长阳消”中人体开始衰老。《易经》所揭示的这条规律给我们的养生提示是什么呢？它告诉我们，中老年人一定要注意补养阳气。需要再次强调的是，我们谈养生并非是针对自然衰老而言，因为自然衰老的本身只可顺应天地之道，是不可逆转的，任何生命都逃脱不了死亡。事实上，养生的实质也不是崇尚一种“与天地斗其乐无穷”的情怀，而是倡导顺应自然的规律。所以，这里谈养生，对抗的是那些让你“未老就先衰”的各种现代因素。

那么，有的人就要问了，人到中年不正是阳极的时候，衰老理所当然，又如何有抗衰老的说法呢？错！这里对阳极在生命中运行的判断是错误的。按照自然衰老的规律，人的寿命约在120岁，按自然寿命来计算，人的中年约为60岁，所以，正常情况下，人的阳极也应该是在60岁左右的时候，开始出现阳气衰弱的情况。而现代人一些较为长寿的地方的平均寿命才75岁左右，这就告诉人们，人们的生活有问题，养生有问题。

1.儿童是稚阳之体，犹如早上刚升起的太阳。

2.青壮年是盛阳之体，阳气达到了生命中的高峰。

3.中老年阴长阳消，人体开始衰老。

延长寿命是一个目标性的话语，没有指导的意义，那么，如何才能给自己添寿呢？方式有许多，可以锻炼，可以饮食，可以调整习惯等等，但途径就一个，那就是延缓阳极期的到来。所以，人们延缓衰老养生就要在阳极期还没到来之前就做好准备。再做好准备，各种现代生活的大环境不能改变，所以，人们延缓衰老养生也不得不面临约30多岁就要保养阳气的现实。根据太极生命钟，衰老起于中年，就是说在阳气最盛的时候，开始长阴了，阳极一阴生。虽然这个时候你阴开始长了，虽趋势不可逆转，但是只要让它长得晚一点，长得慢一点，这就是延缓衰老。而且稍微提前行动更容易收到良好的效果，这也就是我们一直倡导养生需“节在丰时”的道理所在。

中年人，无论是男人还是女人都是家里的顶梁柱，也无论是自主创业还是像螺丝钉一样坚守自己的工作岗位，大多都是骨干，承担的事情都很多，因此，工作、家庭上，生理、心理上的负荷都很重。所以，中年人特别要保护你的阳气，不要过分耗损。具体说来，如何调理自己的阳气呢？

首当其冲的就是养心神。《黄帝内经》说："精神内守，病安从来"，说的也就是这个道理。也正是养生的时候，没有很好地"安顿心灵"，为健康埋下后患，如老年人甚至中年人出现猝死的现象，其实质就是心神不宁。关于心神不宁影响健康的问题，我们从一个"燥"与"躁"两个字的区别就能看出来。"燥"是火字偏旁，指如火烤般干燥。"燥热"当然是说既干且热。不同于湿热；"口干舌燥"当然指极度口渴的嘴干难耐状况。上焦火盛称"燥火"，中医常诊断病者是燥热咳嗽还是风寒咳嗽，此时"燥"即指"火"；"躁"是"足"旁，可想而知是指顿足捶胸之急躁状态。因此"躁"指焦躁、性急、不冷静，有急躁、暴躁、焦躁等词。所以，从形式上看，"燥症"多实，而"躁症"多虚妄，但两者相比较而言，前者乱的是身体之局部，而后者则乱的是人体之"神"。从实际生活中我们也知道，一个人如果处于"焦躁"的状态，什么事也干不成。所以，这里将安心神作为了补养阳气的第一要略。

从《易经》的角度来看，"有其内,必形于外"，这一点从衰老的角度来看，大家更有清晰的认识，人到老年，五脏、皮肤、肌肉、骨骼等都开始衰退了,腰弯了，膝盖也不行了，甚至感觉双腿也不能承受身体之重了，走路弯弯曲曲，耳朵听不清了，眼睛也看不清了，五脏六腑的功能老化了。正是因为这样，老年人更要加倍地爱护形体。

补养阳气，从形体上，提得最多的就是骨骼的保养，尤其是骨质疏松等的防治。一个常见的补养的方式就是锻炼，这里需要特别说明的是，很多老年人的锻炼是不科学的，陷入了一个健康的陷阱。即认为在年轻的时候没有时间锻炼，现在有时间了，儿女都结婚参加工作了，自己也难得有那份闲心。再说，日子好过了，对生活也充满了信心，所以，说起锻炼身体是干劲十足，甚至有的人有一种要将年轻时候流逝的健康找回来的心理。从表面上看，这是一种“不服老”的情怀，但实际上则是在违背自然规律，所以，不但不会起到强身健体的作用，还会累坏膝关节，加重五脏的负担。老年人的身体已经处于退化，所以，这时运动要适度，应该保养五脏，不要再给它们增加负荷。因此，我们必须要保持科学的运动，而不是说你运动得越多、越重越好。骨骼是支撑我们整个人体的骨架，如果骨架出了问题，则肌肉、皮肤都支撑不住，所以中年人尤其要注重骨骼的保养。

只有进行科学的运动，对人体健康才能起到好的作用。

提到从形体入手进行防止衰老，除了常常提到晒太阳的方法之外，饮食也是个重要的问题。概括地说，豆浆、豆腐等豆制品都是补钙的佳品，牛奶、鸡蛋以及虾皮、海带、贝类、栗子等等是补钙不错的选择。从分类的角度来看，中年人的饮食补阳可以结合自身情况做一个选择：补中益气、温肾壮阳的狗肉；补脾、滋补血液、补肾益精的鸡肉；宣肺祛痰、温中利气的补阳食物芥菜；补肾壮阳、健脾暖胃的补阳食物韭菜。

作为食物补阳，要特别提到的就是瓜子，因为向日葵是太阳的骄子，太阳转到哪儿它跟到哪，它吸收太阳的精气最多。南瓜、石榴、柿子等，凡是向阳的东西，都补阳气。这也是顺天地之气给我们在养生上的重要启示。

“五毒”俱全，逐阴保阳延年益寿

为什么阴阳平衡还要以阳为本，排除阴浊呢？

“浊”是说它是污浊的，是生命垃圾。前面已经有所提及，阴气有病理性和生理性两个方面，病理性的阴浊之气是身体的废物，所以，只有将阴浊清除，才能养阳气畅行体内，走健康的“阳光大道”。依据太极生命钟的规律，阳气是随着人身体的成熟逐渐地增加的。人从年轻时候一直到中年，阳气是增加的过程，阴气比较弱。到了中年以后，阴气就开始增加了，这叫做“阴长阳消”。所以，结合上面来看，如果把颐养阳气看成是延缓衰老的正面战争的话，那么，这里，排除阴浊打的就是一场类似“锄奸”战。要锄什么“奸”呢？具体说来，包括五个方面：阴水、湿浊、痰浊、脂毒和血瘀毒。

（1）水毒

水可以载舟也能覆舟，事实上，作为生命之源的水，对于人体健康而言，同样是如此。水滋养生命，但如果脾肾虚亏则可能阴水积存，表现为下眼皮水肿，脚踝有点浮肿，此外，腿部也往往会成为水毒的积存之地。当然，并非说眼皮浮肿就一定是水毒所致，但如果在排除了运动不足、心肾等出了问题的基础上，则十之八九是水毒在惹祸端了。

水毒捣乱，还有一个较为明显的症状表现就是肚子肿大，这是为什么呢？因为尿液没有完全排出来，尿液没有完全排除又是为什么呢？大家知道，肾主二便，所以归根结底是肾功能出了问题。

找到问题所在，实际上就解决了一半的问题。怎么驱逐水毒呢？很简单，多吃一些健脾利水、补肾的食物，如山药、扁豆、薏苡仁，或加点党参炖肉即可祛除阴水。此外，多熬粥喝也是一个不错的选择。

（2）湿毒

湿毒，人们平常说得比较多。《素问·宣明五气》中就曾说“五脏所恶……脾恶湿”。因湿胜容易影响脾的运化功能，产生“湿困脾土”(常见症状为大便溏泄，头重身重，四肢困乏，脘腹满闷，舌苔白腻等)的病症，又因“脾主肌肉”，湿胜则肌肉臃肿，故有“脾恶湿”之说。结合阴阳来看，人体湿气越重阴废的积存也就越多。阴废增加，则脾气虚，不能够化湿，脾的功能减弱，人就出现湿毒。有湿毒的浊气以后表现为舌苔绿、恶心、不想吃饭，大便不成形。

有湿毒裹身该怎么调理以除阴浊呢？从饮食的角度可以针对性地多吃一些健脾化湿之品，如薏苡仁、豆类、白术、党参之类炖肉或者熬粥，利于排除湿邪的丝瓜和冬瓜也是不错的选择。

（3）痰毒

痰毒是感受风热湿毒，气血被毒邪壅塞于皮肉之间，继而炼液成痰，痰毒互阻，结块而肿的急性化脓性疾病，包括颈痈、腋痈、胯腹痈。从体表征象来看，有恶寒、发热、头痛或全身不适等症。多见于老年人或抽烟喝酒的男人。所以，如果自己有这方面的习惯，而且经常是早上起床后，不停地吐痰，那就该考虑是否有痰毒存在了。

有痰毒也分两个方面：一是肺出了问题，再就是病从口入，饮食上出了问题。该怎么办呢？饮食出了问题好办，吃点化痰的食物就好了，比如，冬瓜性凉，味甘淡，清热消痰；无花果性平，味甘，清肺热；紫菜性味甘咸而寒，能软坚清热；罗汉果清肺、化痰、止咳；青菜性味甘平，解热除烦，通利肠胃。如果是因为气管不好，生了痰，用茯苓、法半夏、陈皮、甘草用水煮，喝上1周或者10天左右，痰就会消失。这里也提醒家长，如果孩子吐痰的情况比较严重，也要查其原因，然后对症治疗。

（4）脂毒

又一阴浊之毒为脂毒，猝死、心肌梗死、脑血栓、脑出血、糖尿病、脂肪肝、肾病、骨质疏松，还有胰腺癌、卵巢癌等，个个都是健康的大敌，是生命的威胁。但是很多人不知道，这些病有一个总的名称叫"代谢综合征"，它们有一个总的根源，就是脂毒。脂毒除了形成脂肪肝外，多积存在腹部。以中年人居多，从生活习惯的角度来看，跟饮食太过肥甘有很大的关系。

脂肪是能量的源泉，我们人体离不开脂肪，脂肪含量应该在13.7%左右,超出这个标准就是脂肪超标，就容易导致血液黏稠，引发高血脂、高血压。同时，多余的脂肪会随着年龄的增长，堆积在心肌血管、颈部血管、大脑血管、肝脏、胰腺、肾脏，甚至骨骼中，引发相关疾病。因此，解决脂毒的危害成为刻不容缓的大事。如何除掉脂毒呢？少喝酒、少吃油炸等肥厚食物，多喝绿茶，多吃粗粮、青菜、海带、萝卜、紫菜等降脂食品。

饮食偏于肥甘厚腻，腹部容易产生脂毒。

（5）血瘀毒

血瘀毒是怎么回事儿？简单说，就是沉积在血管内的脂肪。血液里边的瘀毒大多是从中年开始的。该怎么进行调理呢？多运动，少油脂；多粗粮，少精细；多菜果，少肥厚。具体说来，建议多吃些山楂、红心萝卜、桃子和西瓜等红色食品。

在利用阴阳之气来养生方面，这里逐阴养阳更多的是从饮食的角度进行了说明。在饮食上中医利用养气保养身体延年益寿，还有一个非常重要的观点就是吃植物等的种子。植物的种子之所以具有生发的力量，一粒种子就能长成一棵给人很多收获的庄稼，就在于种子内含阳气，所以，吃那些种子粮食对人体阳气的滋养是非常有益的。从另一个角度说，身体也可以看做是我们收获健康的种子，其中一样内含阳气，所以，要想健康，要想延缓衰老的一个重要的方面就是不破坏其中内涵的氧，否则，对于种子而言就是一粒纯阴的食物，对于人体而言则，则是一种没有了健康的病体。

药食同源，这里不妨再就关于中成药的滋补一并做一个说明。针对性选择补品的原则是，根据气血阴阳及体质亏损的差异。比如有因贫血、失血所致面色苍白、头晕眼花、心慌失眠、健忘等表现的人，可选用十全大补膏、健身长寿膏等补益气血的滋补品；平时有气短、乏力等气虚表现的人，可选用人参大补膏、人参精、生晒参等；有畏寒怕冷、腰膝酸软、耳鸣耳聋、小便清长、早泄阳痿等阳虚表现的人，可选用参膏、双龙补膏等补肾壮阳；有慢性支气管炎、哮喘病，经常咳嗽的人，可选用人参银耳晶、人参石斛晶等补肺健脾，养阴生津。

逐阴保阳是《易经》太极生命钟给大家的重要养生启示，就是一生当中都要不断地保护阳气抑制阴气的侵袭，清除我们体内的阴废的垃圾。民以食为天，吃是保阳的一个重要方面，而锻炼也不可忽视。具体怎么采集阳气呢？一天把守住三个方面：其一，早上起来，面对升起的旭日，面对太阳，眼微闭以全神贯注让那些阳气从人体之窍及皮肤腠理等被采吸；其二，正午的时候，到露天地方，沐浴阳光，让身体百会穴采吸日之精气；下午的时候，日落西山，面对红霞一片，在散步中均匀呼吸，以采吸真气。如此坚持，阳气自可富足在身，进而在“红光满面”中尽度春风人生。

第三节

生生之谓易，大脑不衰身体不老

据记载，脑部发育与人的寿命密切相关，而对比的研究则表明，在哺乳动物中，人因为脑部是最发达的，所以，也才成为了寿命最长的人。对此，《周易》说："乾为首"，"坤为君"；《黄帝内经》说："主不明则十二官危"，所以，脑养是延缓衰老养生的又一出路。至于如何养脑，《易经》也指明了方向，即"生生之谓易"，换句话说，就是"生命在于运动"，即用脑。

乾为首，人体衰老谨防从"头"开始

《周易》说："乾为首"，"坤为君"。而《素问·灵兰秘典论》则说："主不明则十二官危"，两者一脉相承。先简单说一下，这里的"十二官"指的是人体十二脏腑的合称。即心、肝、脾、肺、肾、膻中（心包络）、胆、胃、大肠、小肠、三焦、膀胱。之所以将其看作是"十二官"，这里是在用古代官职来阐述人体脏腑之间的关系。从这里可以看出，古人把心比喻成为"君主"，君主大家都知道，就是奴隶社会的大王，封建社会的皇帝，他们无论是帝王还是皇帝，都有一个很重要的特征，即在一定意义上左右的是国家的兴衰成败。有一句俗语就更能代表这样的一层意思，即"天不可一日无日，国不可一日无君"。把心脏比喻成君主，可以由此看到它的重要性！

说了半天，心和脑有什么关系？很简单，一句话就说清楚了，中医上说心的时候都包括有脑。由此不难理解，心脑要是出了问题，自然会累及脏腑，脏腑这些身体的几大"核心要件"要是出了问题，耗损太厉

害，衰老也就自然会提前驾到了。关于这一点，现代医学研究已经有所证实。英国神经生理学家宋勒和科斯塞利斯都认为：“人脑越发达，人就会越长寿。”进一步的分析解释认为，人脑面对的每一项工作都是对脑细胞的一种活性刺激，所以人脑在工作的过程中，只要不是太过，那么，用脑程度和脑细胞的老化过程几乎是一种反比例的关系。

《周易》说：“乾为首”，“坤为君”，从字面上看，更多的人将其理解为群龙不能无首，从身体的角度来讲，则不能没有心脑。中医学对于大脑的重视与《易经》一脉相承，如在《黄帝内经》中就有“心者，君主之官也，神明出焉”，“心伤则神去，神去则死矣”，这些都在说明脑是全身各大系统的总辖。所以，延缓衰老的重心在脑，要想身体不提前衰老，那么，首先要防止的就是大脑的提前衰老。

说清楚了脑和延缓衰老的关系，还有一点是需要说明的，那就是养脑和阴阳之道之间的关系。大脑是如何与《易经》阴阳发生关系的呢？这跟大脑具有的思维功能是分不开的。《易经》说：“一阴一阳谓之道。”告诉我们万世万物都是由阴和阳组成的，都是由阴阳气化而成，自然我们的大脑也不例外。实际上，天是一个大太极，人是一个小太极，大脑也是一个太极图。这里的阴和阳分别代表的是潜在意识和显在意识，有了意识才有了研判和预测的功能，这一点实际上对于创见先天八卦的伏羲来说，就已经较为明确了。《易经》说：“伏羲知幽明之故”，事实上，这里的“幽”即幽暗，与潜在相通，而这里的“明”即明显，代表的是显在。换句话说，那个时候的伏羲就已经懂得了潜在思维和显在

心者，君主之官，养脑是延缓衰老养生的重要方法。

思维两个方面，所以，据载，《易经》说伏羲能够通晓生死之术。

大脑是张太极图，潜在和显在意识表现非常明显。从出生到不会说话之前，人的潜在意识发挥作用，这个时候阴盛，随着吞吞吐吐的说话，我们的显意识开始占了上风，此时阳气渐渐趋于盛而阴极趋于衰，到老的时候，人的大脑反应迟缓，语言表达也渐渐模糊起来，此时，人们阳气趋于衰弱而阴气渐渐趋于极盛。这也是《易经》说人生于阴极长于阳极然后又归于阴极的一个方面的原因。由此可见，大脑的运行也遵循一个阴阳的道理。

那么，如何调动这两种意识，让大脑不衰老呢？关键就在于用脑。现代人有一种很普遍的说法是“操心多人老得快”。所以，很多人都很爱护自己的大脑，认为不让“大脑劳作”是一种养生，生怕用脑过度。“操心多”结合这里来看就是“用脑多”。道理真的是如此吗？其实这是很多人对于“脑养生”的错误认识。科学表明，大脑是人体中衰老最慢的器官，因为大脑有着巨大的潜力。尽管人从30岁开始，每天即有3万~10万个脑细胞相继死去，每小时约有1000个神经细胞发生障碍，一年内约有900万个神经细胞丧失。但到年老时，也只不过耗掉了脑细胞的20%，尚有80%脑细胞处于未开发状态，说明大脑存在着惊人的储备力量。正是从这样的认识出发，我们知道，日常对大脑的使用不是太深而是太浅。日本有人统计，教授和医生的平均寿命比其他人高10个百分点。也有人对我国100位名医生、名教授做过调查发现：活过90岁的11人，寿龄在80~90岁的有35人，寿龄在70~79岁的有34人，年过古稀者占80%。而一项通过对1901~1950年诺贝尔获奖者的寿命研究，也得出了大致相同的结论：诺贝尔奖获奖科学家的平均寿命为74.7岁，说明了诺贝尔奖获奖科学家是长寿的，到了1950年，世界发达国家的人均寿命也才65岁。而几位寿命较低的获奖者多为意外或人为原因导致死亡。

脑越用越灵，用脑不仅是能够通过思考解决一些现实的问题，还能通过用脑让潜在和显在的意识被打通，不仅使脑袋更灵活，也有益于延缓衰老。有一个比较典型的例子就是发现化学元素苯的科学家，在研究了很长时间，白天冥思苦想都想不出来，结果就在梦里边梦到了结果。这就说明了一个问题：即潜在的意识和显在的意识能够相通。所以，现在人对用脑过度的担心大可释怀。说到这里，要提请老年朋友注意的是，儿女工作稳定了，自己退休了，该享清福了，但利用大脑进行养生则不能懈怠，可以搞点小创作，可以进行绘画，可以写写自己的人生回忆录，可以研究一些奇石、创作一些根雕等。孔子50岁才研究《易经》，对《易经》还作出了杰出贡献。所以说，如果退休后什么都不做了，大脑闲置，那么人就衰老得更快些。这一点，看看周围退休人的情况就很清楚了，本来退休之初，还显得很精神、很年轻，但没过两年，就显出一副老态龙钟的样子。究其原因是退休之后他就不用脑了，大脑很快就衰退了，大脑一退化血液供应就变缓了，这样得老年痴呆、脑梗死、脑动脉硬化的概率就比常人大很多。大脑退化以后全身也跟着衰老了，整个人也衰老得快。这就说明延缓脑衰的原则仍然是“用进废退”。

通过上面对于脑思维的认识，从一个侧面，我们也能感知到潜在意识和显在意识的一个特点，显意识趋于外向，在白天的时候表现明显；潜意识趋于内向，在夜晚的时候容易体现出来。这样的分工，提醒我们晚上可以做一些工作与学习方面的事情，但也提醒大家的是，脑越用越灵跟用脑时间越长越好是两回事儿。从这个规律，提醒我们要起居有常，为什么这么说呢？到了子时定的时候，人该休息了，这时就要上床睡觉，否则，人在潜在思维被完全引发的时候，就会灵感泉涌。很多人喜欢在晚上工作，其实安静只是一个表面的原因，而真正的原因则在于潜在意识的充分引发，但随之而来的一个健康问题就是，晚上过了人定这个点，如果还处于一种潜在思维的调动中，那么，人就很容易越思考越兴奋，这一点“夜猫族”更清楚。而从经络当令的角度来思考，让身体无限制的加班，显然是对健康的一种透支，这将在时令与经络养生部分做详细说明。

动、静养脑，开发大脑延年益寿

脑是人体的最高司令部，对身体有全面的掌控功能，衰老也不例外。大脑中的下丘脑及垂体是人体的“衰老控制中心”，所以，层层剥离，脑养实际上也就是对这个“中心”的一种掌控。如果这些器官失调，就会使生命活动紊乱而引起衰老。但如何才能恰到好处地颐养大脑呢？这里也有一个“度”的问题，就像体力劳动者一样，如果不是让自己超负荷地运转，那么，对于身体就可以看做是一种“锻炼”，而如果太过就是一种伤害；与之相应，脑力劳动也是如此，用脑是一种“锻炼”，但用脑过度则会对脑对身体都是一种伤害。

拉长生命就要脑不衰，脑不衰，健康是前提，如何才能大力开发大脑，让自己健康起来呢？这里从动、静两个方面进行说明。

（1）动养脑

生命在于运动，从身体局部来讲，大脑也是如此。脑该怎么“运

动”呢？是不是有事没事地就找些问题来“折腾”自己呢？对一些问题的积极思考固然是一个方面，但远不是全部。从经络的角度来看，对于四肢的锻炼实际上也是一种“健脑”，这是什么道理呢？头为诸阳之会，从经络的走向来看，手三阳经从手走头，足三阳经从头走足。可见，四肢通过经络与脑有密切联系，而常常让人高深莫测的脑实际上也通过四肢传递着一些关于养生的信息。明白了两者之间的关系，也就明白了生活中一些朴素的道理：人脑要是出了问题，别说多大的问题，就是有点头痛头晕的小毛病时，人走路也会恍恍惚惚的，或者手脚麻木。再者，就现实中的一些老年人体验也能看出来，即人老了，端碗水拿个杯子也是晃来晃去的，甚至水洒得满地都是。

其一，动手—— 健全大脑功能

人老，脑老，手也不听使唤，这样的身体逻辑可以利用一种反推的方式来获得对健康的拯救。即手灵活，脑不衰，人也就不老。国外研究发现，通过高效率地活动手指，给脑细胞以直接的刺激，远比死记硬背更能增强大脑活力，这是因为大脑皮质的“感觉”和“运动”功能中与手有关的部分所占的比重最大。用多活动手指来刺激大脑，可阻止和延缓脑细胞的退化过程。

这一点，我们从一些从事与手相关职业者的长寿就可以看出来，画家、书法家、钢琴家、根雕等艺术家一般都很长寿，其主要的原因就在于他们是在用指尖做一些比较精密的工作，能锻炼手指的敏感性，有利于保持大脑的功能健全。最常见的做法就是捏拽十指。具体操作方法是：两手同时张开，手指自然伸直，从大拇指开始，依次按示指、中指、无名指、小指的顺序，用力弯曲、伸展，循环往复地进行。运动时，要双手同时进行练习，手指弯曲尽量用力，每次练习不受时间和次数的限制，可根据自身情况量力而行，以产生酸痛感为佳，长年坚持，能使手指活动自如，握力加大，对心脏有良好的反射刺激作用，从而增强心脏功能。

此外，紧握成拳，全身稍稍用力，直到手心出汗。也是消除疲劳清醒头脑的好选择。需要注意的一点是，平时活动手指要注意双手交替或同时进行，这样有益于左右两侧大脑半球的锻炼，尤其是对大多数人而言，活动相对不足的左手更要加强。

其二，动脚——解救大脑想像力

美国流行一句话：喜欢弹跳运动的孩子，不但发育良好，身体健康，而且智力也会得到提升。为什么会这样呢？来自运动医学专家的解释认为：运动能使大脑处于最初的启动或放松状态，人的想像力会从多种思维的束缚中解脱出来，变得更加敏捷，因而更富于创造力。另一方面，弹跳促使大脑思维反应更为活跃、敏捷的原因在于，运动能加快血液循环，促进脑中多种神经递质的活力，进而使大脑享受到更多的氧气和养分来达到健脑的作用。之所以儿童的收益更大，其奥妙就在于孩子的大脑正处于积极的发育阶段，运动发挥的作用使得孩子的发育如虎添翼般更加能得到丰厚的回报。

喜欢弹跳运动的孩子，不但发育良好，身体健康，而且智力也会得到提升。

跳的另一些具体的体现就是跳绳和跳舞。一个人的时候跳跳绳，两个人的时候跳跳舞都是不错的健脑运动。从人体运动学的观点来看，人在跳绳的时候，握绳子的手心能受到由于绳子转动带来的刺激，而脚心又能在跳跃的时候受到来自与地面摩擦的刺激，加强了对足反射区的刺激，加之跳绳以下肢弹跳及后蹬动作为主，并带动手臂、腰部、腹部的肌群运动，促使呼吸加深加快，吸氧增多，二氧化碳排泄加速，自然健脑功效显著；再一个方面就是跳舞，跳舞可锻炼并提升大脑对外界信号的敏锐度与记忆力。根据调查表明，坚持学习舞蹈的孩子，其文化课成绩都比较好。

其三，动嘴——提升大脑智商指数

相辅相成，很多的脑神经指挥着口的运动，反过来，口的运动也同样给大脑皮质诸多神经以良性刺激，促进大脑功能的健全。实验证明，咀嚼肌的有力收缩，能给大脑发出强大的觉醒信号，而嘴部的运动能使脑部血流量增加，改善大脑的供氧，起到健脑益智的作用。

具体说来，可以在日常生活中做到“几多”：多说，通过口部运动向大脑发出刺激，使大脑的语言中枢和思维中枢得到有效的信息，从而保证大脑功能的正常发挥；多咀嚼，咀嚼运动是一种有效的健脑运动，它不仅有助于食物的消化吸收，也能够锻炼大脑；多诵读，与默读所能起到的记忆和理解作用不一样，诵读时不易理解所读内容，却能训练大脑。因此，中老年人每天早晨诵读一些诗歌对健脑是有帮助的；多大笑，不少人都有这样的经验，每当用脑过度或情绪不佳而注意力难以集中时，只要遇上可笑之事，原先无法进行下去的思考、观察等能轻松地进行下去。

其四，动颈——防止脑血栓

如果说前几种方法还是从正面进行健脑的话，那么，动颈的方式则更多体现了一种“治未病”的思想，这是根据《易经》仿生而来的一种养脑方法。尽管人是万物之灵长，但鸟兽在很多时候也是我们学习的对象，是我们的老师，在它们身上有着许多宝贵的生存绝招及养生经验。比如乌龟，它为什么长寿呢？它为什么不得脑梗死呢？就是因为它每天都在不停地做这个运动——伸缩脖子。这样做的好处就是可以保持血液循环流通，不容易得脑血栓。所以，我们也可以向这些动物学习养生的技巧。

伸缩脖子的好处就是可以保持颈椎的血液循环流通，不容易得脑血栓。

健脑功人人皆可做，尤适于脑力劳动者，因脑力劳动比较紧张，经常处于超负荷运转状态，如能应用健脑功，将有益于健脑和提高工作效率。

（2）静养脑

与动养相对，脑静功指的是通过以“静”为核心来进行的养生，这对于长期处于紧张工作中的脑力劳动者而言，不仅是一个工作效率的问题，更多的是一个关于养生的问题。这里可以从以下两个方面进行说明。

其一，意念法

面对纷至沓来的信息，大脑也需要“清扫”，即剔除杂念。如何才能做这个人体的最高司令部进行去粗存精的处理呢？奥妙就在一个

“静”字。静能生慧。正如佛家所说“定能生慧”，即在于排除杂念，净化大脑，使大脑得到充分的休整，从而改善脑功能。

脑静功具体怎么做呢？

《道藏·度人经》提出专一、内敛、断妄念。《老子》提出“虚静”“无为”，佛家推崇“空”、“戒”都是属脑静功的宗旨。研究显示，人一天约有13亿念头，贪欲过大等邪念对大脑损伤很大。据国外研究显示，妒忌念头所产生的毒素，至少可以毒死1只小老鼠，可见人要多积德行善，少有恶念、毒念、邪念才能长寿。佛家提倡的“定能生慧”，实际上说的也就是这个道理。

具体做法是，把气通过意念从百会穴引入该穴下边3寸左右的大脑中枢部位。如果把意念停留在这个部位，然后做深呼吸或是想像一些美好的事，然后睁开眼睛的时候就会感觉到大脑得到了充分休息，就能感觉到清新之气油然而生。

其二，心斋法

心斋法，顾名思义，就是通过养心来养脑的一种方法。以休整后的智力开发来养脑，被孔子称为“心斋”。所以，这种方式也被称为是“心斋法”。具体说来，即是指以缓慢而有节奏的步伐结合深而慢的吐纳功。独自漫步于幽静之处，然后“用心”想一个美好的愿望而排除杂念。最后将自己完全沉醉在美好的愿望而逐渐沉静下来，处于无念无欲的漫步，让大脑出现清静无欲的澄清程度。此法以傍晚或月下独

“定能生慧”，排除杂念，净化大脑，使大脑得到充分的休整，可改善脑功能。

自漫步效果最佳。脑力劳动者尤为适合，回屋后大脑清爽，工作效率倍增。

其三，静坐法

关于静坐，日常提得很多，佛家早有“坐禅”之说。《昭德新编》也说，“水静极则形象明，心静极则智慧生。”也正如孔子所提倡的“坐忘”。如颜回答孔子曰：“何谓坐忘?堕肢体黜聪明，离形去知，同于大道，此谓坐忘。”即犹如忘掉自已的形体而入静。孟子的“存夜气”，同样指清宁入静，这些养生原则都是《周易》坤静柔顺理论的应用。具体做法是：即闭门独坐，头后靠，眼半闭，取自然舒适位置，然后开始慢而深的吐纳功或结合默念，逐渐诱导入静，此时入静绝不等于大脑皮质抑制，入静后必须进行积极的内视意守，方法是内视于泥丸(脑)，意守百会下3寸(相当于脑垂体部位，为生命中枢)。适时缓缓睁眼洗面后，自有一种大脑清新感觉油然而生。这时再开始工作，脑力自然倍增。

同类相求：饮食养脑取之有道

所谓的同类相求，指的是物之同类者互相聚合。核桃、鱼头、树果、金性食品能补脑，其道理就是根据《周易》象形理论而来的，简单说明如下：

核桃为什么能补脑？因为核桃从样子上就跟脑很接近。这一点，大家在仔细去掉核桃壳后，如果能获得一个完整的核桃仁，大家就能清晰地看到核桃仁像人的左右脑，也因此，对人的脑袋有很好的滋补作用。中医学讲求“以类取象”说的也就是这个道理。

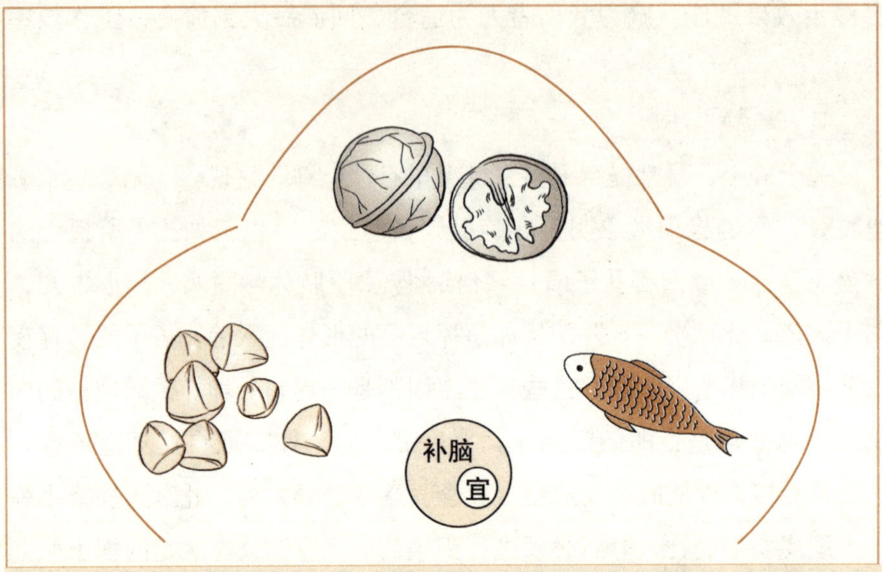

核桃、鱼头、树果、金性食品能补脑。

事实上，关于核桃补脑现代科学也已经证实，现代营养学研究认为，核桃除去约50%的壳等废弃物后的净仁，含有63%的亚油酸、16.4%的亚麻酸以及丰富的蛋白质、磷、钙和多种维生素，含有大量的不饱和脂肪酸，能强化脑血管弹力和促进神经细胞的活力，提高大脑的生理功能。而且核桃含磷脂较高，可维护细胞正常代谢，增强细胞活力，防止脑细胞的衰退。在日本，有的营养学家倡导学龄儿童每天吃2～3个核桃，对那些焦躁不安、少气无力、厌恶学习和反应迟钝的孩子很有帮助。

鱼头等为什么也能补脑，按照“头补头，足补足”的理论，吃鱼头、鸡头等都能对脑起到很好的滋补作用，鸡脑、猪脑则对人脑能起到较好的补养作用。

树果为什么能补脑呢？《周易》讲求“上补上，下补下”的道理。将人分为上中下三个部分，长在下面的补下面，长在中间的补脾，长在上面的补头。因为那些树果都长在高大树的末梢之上，所以，树果能补脑。

此外，《周易》认为，人体之头属于乾卦，秉承天之金气，与清空之气相融相通，所以，认为金性食品也能补脑，这些食品则主要生长在高山。乾卦是金，金卦是在高空的，因此和它相应的就是木果，也就是长在树上的果实，如榛子、长寿果等。

第五章
《易经》五行原理与脏腑调养

《尚书·洪范》曰：“五行，一曰水，二曰火，三曰木，四曰金，五曰土。水曰润下，火曰炎上，木曰曲直，金曰从革，土爰稼穑。”五行之间相生相克，木生火，火生土，土生金，金生水，水生木；金克木，木克土，土克水，水克火，火克金。五脏与之相配应：肝主升而归属于木，心阳主温煦而归属于火，脾主运化而归属于土，肺主降而归属于金，肾主水而归属于水。

第一节

金木水火土：揭秘五行之间的关系

阴阳讲求平衡，五行讲求和合。阴阳的平衡是一切事物存在与衍生的根本原则，而五行的和合则是维持五脏六腑和谐共处的基本原则。寻求五行的历史渊源，实际上也是从一个侧面在解读《易经》的养生智慧，细论五行之间的相互关系，实际上也是在为五脏之间相互关系作铺垫。阴阳平衡保健康,五行和合精神爽，则是为健康找寻出路。

养生绝学五：脏腑协调百病不生

五行，所谓“五”指的是金、木、水、火、土；所谓“行”，郑玄注曰：“行者，顺天行气也。”而《尚书》提到的“五行”则具有一定的象征的意义——“行”。“行”，四通八达，流行和行用之谓，是行动、运动的古义，即依循着本身之为呈现所固有的一种规则而持续地运动，是一种自然的作为。五行，是指木火土金水5种物质的运动变化。《太上化道度世仙经》中说：“五行者，金、木、水、火、土也，乃造化万物，配合阴阳，为万物之精华者也。”《左传》曰：“天生五材，民并用之，废一不可”，可见在之前，五行的相关理论已经深入人心了。

据载，最早谈到“五行”的是早期的《尚书·洪范》，该书记述的是周武王与箕子的对话，其中谈到：“五行：一曰水，二曰火，三曰木，四曰金，五曰土。水曰润下，火曰炎上，木曰曲直，金曰从革，土爰稼穑。润下作咸，炎上作苦，曲直作酸，从革作辛，稼穑作甘。”

木，具有生发、条达的特性。火，具有炎热、向上的特性。土，具有长养、化育的特性。金，具有清静、收杀的特性。水，具有寒冷、向下的特性。五行学说认为宇宙是由金、木、水、火、土5种最基本物质构成的，宇宙中各种事物和现象(包括人在内)的发展、变化都是这5种不同属性的物质不断运动和相互作用的结果。也正是由于这5种要素的盛衰变化，而使得大自然产生变化，不但影响到人的命运，同时也使宇宙万物循环不已。

“五行”意味着物质运动，意味着万物之宗。那么，五行又缘何而来呢？《易经》！一方面，《易经》的八卦在前面已经讲过，跟五行实际上是存在一个内在的对应关系的。拿《易经》的五行阴阳关系来说，最为著名的《河图洛书》也有明确的说明。如“太极一气产阴阳，阴阳化合生五行，五行既萌合万物。”前面已经说过，古代河图的东西南北跟我们现在的地图是不一样的。所以，呈现出五行关系的河图。火为至阳而居上在南，应心；水为至阴居下在北，应肾；木主生发居东，应肝；金主收降居西，应肺；土为成数之母居中，应脾。需要提及的是，先天五行顺序与后天五行顺序是有区别的。先天五行顺序（概取自河图）为：金、水、木、火、土；后天五行顺序（概取自洛书）：金、木、水、火、土。

再者，《易经》不仅把五行与方位相配应，还与人体的部位对应起来了，成为了包括《黄帝内经》在内中医臧象理论的基础。将对于万事万物运动状态和衍生变化的理论运用到了人体养生。形成了事物之间矛盾、统一的模式，体现了事物内部的结构关系以及整体把握的思想。在今天来看，是把看似毫不相关的两个方面紧密联系起来了，为现实的养生提供了指导。事实上，也正是有了这样的基础，《黄帝内经》把五行学说应用于医学，这对研究和整理古代人民积累的大量临床经验，形成中医特有的理论体系，起了重要的推动作用。此外，五行之间的和谐关系，也是首先通过《易经》提出来的。如《易经》中就说“故水火不相逮，雷风不相悖，山泽通气，然后能变化，既成万物也。”

需要说明的是，对于五行的认识不能仅仅局限在这5种具体的物质基础上，而是一种抽象后的代表。比如凡是具有生长、升发、条达舒畅等作用或性质的事物，均归属于木；凡是具有温热、升腾作用或性质的事物，均归属于火；凡是具有承载、生化、受纳作用的事物，均归属于土；凡是具有清洁、肃降、收敛作用的事物，均归属于金；凡是具有寒凉、滋润、向下运行的事物，均归属于水。

综上来看，尽管《易经》没有对五行进行细致的阐述，但《河图洛书》中就有了阴阳五行的暗含，五行衍生万物，因而也应五脏，充分说明五行与阴阳之间的关系。

五行内在关系：相生、相克、相乘、相侮

何为生，何为克？何为相生，又何为相克呢？

在对五行之间相互关系做进一步了解之前，这里先就五行本身的特性做一个说明。如“木曰曲直”：曲，屈也；直，伸也。屈伸在这里就引申，代表一种生发之机。“火曰炎上”：炎，热也；上，向上。火具有发热、温暖、向上的特性。所以，用火来代表生发力量的升华。“土爰稼穑”：春种曰稼，秋收曰穑，指农作物的播种和收获。“四象五行皆藉土”，土具有生生之义，有载物、生化之能，故称土载四行，为万物之母。“金曰从革”：从，顺从、服从；革，革除、变革。凡物生长之后，必会达到凝固状态，用金以示其坚固性。引申为肃杀、潜能、收敛、清洁之意。“水曰润下”：润，湿润；下，向下。水代表冻结含藏之意，具有滋润、就下、闭藏的特性。

从这里我们就可以在理解五行相互关系的时候，明白一个基本事实：五行更多的是在阐述一种相互关系，而不是就具体的木、火、土、

金、水进行狭义的说明。

五行的特性如此，那么，五行的相互关系又如何呢？《难经》把它比喻为“母”与“子”的关系。“生我”者为母，“我生”者为“子”。所以五行相生关系又称“母子关系”。从母子关系来做类似的理解，就不难明白，相生即相互之间有一种“我生者”和“生我者”的双重身份，两者之间互为依托。

五行相生相克

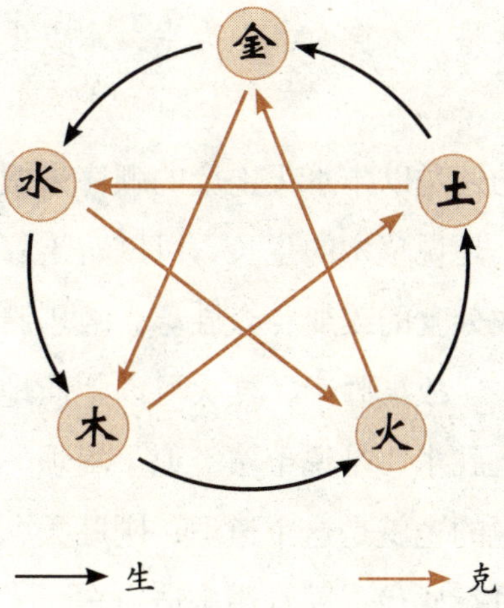

五行之间互相滋生、助长和促进的关系称作五行相生。在相生关系中，任何一行都有“生我”、“我生”两方面的关系。以火为例，生“我”者木，木能生火，则木为火之母；“我”生者土，火能生土，则土为火之子。余可类推。

五行相生的次序是：木生火，火生土，土生金，金生水，水生木。

举例来说吧，水生木，是说草木的生长，都必须靠水的滋润，没有水，就不会有草木的生长；木生火，是说草木可以燃烧变成火；火生土，是说火热的阳光能够温暖土壤，使土壤充满生机，而且可以将那些万物（包括殡葬前的人的火化）化尘而去；土生金，是说大地矿脉里含有矿土，经过冶炼就能产生金属；金生水，是说金属的工具可以凿井挖渠，开掘水源，所以叫金生水。从这里可以看出，代表每一类物象的每一“行”都是别的某一“行”的子，同时又是其他某一类“行”之母，并因此而繁衍生息，这就是相生的关系。

与之相对应，相克就是一种相互制约的关系。即相互制约、克制、抑制之意。五行之间相互制约的关系称之为五行相克。木得金敛，则木不过散；水得火伏，则火不过炎；土得木疏，则土不过湿；金得火温，则金不过收；水得土渗，则水不过润。皆气化自然之妙用。

五行相克的顺序是：木克土，土克水，水克火，火克金，金克木，木克土。

这里，我们不妨还是以木水火土金的顺序来做一个具体的说明。即专胜散，故木胜土，是说草木的生长，可以对土壤进行一定程度上的分割，甚至做结构和成分上的改变；众胜寡，故水胜火，就是指可以用水来熄灭大火；精胜坚，故火胜金，烈火可以把质地坚硬的金属化为“铁水”；实胜虚，故土胜水，是说土壤类似于堤坝一样，可以制约水的流向，“水来土挡”说的也就是这个道理；刚胜柔，故金胜木，主要是从金属工具能对树木进行砍伐，以及用来造舟车、木器家具等。明白了这些之后，我们就能很容易理解五行旺与生之间，通晓五行生克制化宜忌。其具体关系如下：

金旺得火方成器皿，金能生水，水多金沉，强金得水，方挫其锋，金能克木，木多金缺，木弱逢金，必为砍折。金赖土生，土多金埋；土能生金，金多土变。

木旺得金方成栋梁，木能生火，火多木焚；强木得火，方化其顽。木能克土，土多木折；土弱逢木，必为倾陷。木赖水生，水多木漂；水能生木，木多水缩。

水旺得土方成池沼，水能生木，木多水缩；强水得木，方泄其势。水能克火，火多水干；火弱遇水，必不熄灭。水赖金生，金多水浊；金能生水，水多金沉。

火旺得水方成相济，火能生土，土多火晦；强火得土，方止其焰。火能克金，金多火熄；金弱遇火，必见销熔。火赖木生，木多火炽；木能生火，火多木焚。

土旺得水方能疏通，土能生金，金多土变；强土得金，方制其壅。土能克水，水多土流；水弱逢土，必为淤塞。土赖火生，火多土焦；火能生土，土多火晦。

《类经图翼》中说："造化之机不可无生，亦不可无制，无生而发育无由，无制则亢而为害。"可见，相生相克，像阴阳一样，是事物不可分割的两个方面。没有生就没有事物的发生和成长；没有克就不能维持事物的发展和变化中的平衡与协调。没有相生就没有相克，没有相克就没有相生，这种生中有克、克中有生、相反相成、互相为用的关系推动和维持事物的正常生长、发展和变化。

五行相生相克是人们提得较多的两种关系。事实上，除此之外，五行之间还有相乘和相侮两种关系。所谓相乘，即太过而以强凌弱的意思。五行中的相乘，是指五行中某"一行"对被克的"一行"克制太过，从而引起一系列的过度克制反应。而相侮（反克）即指自己可以反克制自己的那一行。例如：木过于强盛，则克土太过，造成土的不足，即称为"木乘土"。另一方面，也可由五行中的某"一行"本身虚弱，因而对它"克我""一行"的相克就显得相对的增强，而其本身就更衰弱。例如：木本不过于强盛，其克制土的力量也仍在正常范围。但由于土本身的不足，因而形成了木克土的力量相对增强，使土更加不足，即称为"土虚木乘"。

而相侮呢？从五行的角度来看，就是指由于五行的某"一行"过于强盛，对原来"克我"的"一行"进行反侮，所以反侮亦称反克。例如：木本受金克，但在木特别强盛时，不仅不受金的克制，反而对金进行反侮（即反克），称作"木侮金"，或是发生反侮的一个方面。另一方面，也可由金本身的十分虚弱，不仅不能对木进行克制，反而受到木的反侮，称作“金虚木侮”。

相乘和相侮，都是不正常的相克现象，两者之间是既有区别又有联系，相乘与相侮的主要区别是：前者是按五行的相克次序发生过强的克制，从而形成五行间相克关系的异常；后者则是与五行相克次序发生相反方向的克制现象，从而形成五行间相克关系的异常。两者之间的联系是在其发生相乘时，也可同时发生相侮；发生相侮时，也可以同时发生相乘。如：木过强时，既可以乘土，又可以侮金；金虚时，既可以受到木的反侮，又可以受到火相乘。

正是因为有了五行之间的生克制化关系才使万事万物得以和谐发展，而一旦失常，事物之间的协调性便会遭到破坏，从而出现反常的变化现象，在自然界则表现为自然灾害，在人体则表现为疾病。从五行来看，其反常现象主要是“亢乘”和“反侮”。所谓亢乘，是指物盛极为亢太过。凡事物亢极则乘。乘，乘虚侵袭，强而欺弱，相克太过。所谓反侮，即反过来欺侮。指五行中有时也出现逆克的现象，如旺克衰、强克弱的现象。如：土旺木衰，木受土克；木旺金衰，金受木克；水衰火旺，水受火克；土衰水旺，土受水克；金旺火衰，火受金克，这种逆克，叫反克也称反侮。

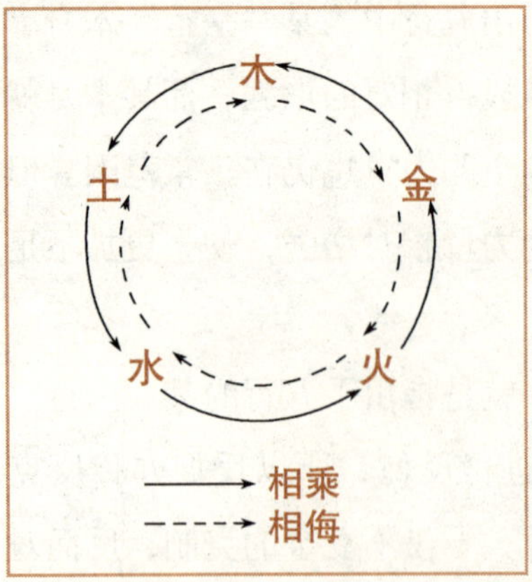

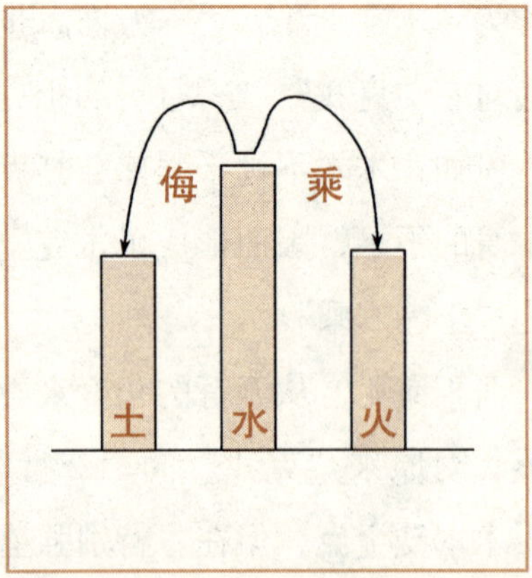

五行的特性及相互关系，是古人在长期生活和生产实践中，对木、

火、土、金、水5种物质认识基础之上，进行抽象而逐渐进行总结而成的。尽管这些认识还带有很多朴素的成分，但这样一种关系的揭示则为我们认识世界、加深对医学甚至人体脏腑的认识起到了奠基性作用。

五行归类表中蕴藏的养生意义

中医学中以五行为中心，将自然界和人体有关的事物和现象按其属性、形态相类同的，分别归纳成五大类，其关系简列如下表：

五行与物象归类表

五行	木	火	土	金	水
五脏	肝	心（心包）	脾	肺	肾
六腑	胆	小肠（三焦）	胃	大肠	膀胱
五体	筋	脉	肉	皮	骨
五志	怒	喜	思	忧	恐
五神	魂	神	意	魄	志
五窍	目	舌	口	鼻	耳
五行	木	火	土	金	水
五音	角	徵	宫	商	羽
五主	色	嗅	味	声	液
五色	青	赤	黄	白	黑
五嗅	臊（膻）	焦	香	腥	腐
五味	酸	苦	甘	辛	咸

（续表）

五液	泪	汗	涎	涕	唾
五声	呼	笑	歌	哭	呻
五荣	爪	面色	唇	毛	发
五方	东	南	中	西	北
五谷	麻	麦	稷	稻	豆
五菜	韭	薤	葵	葱	藿
五果	李	杏	枣	桃	栗
五畜	鸡	羊	牛	犬	猪
五时	春	夏	长夏	秋	冬
五时	平旦	日中	日西	日入	夜半
五常	风	热	湿	燥	寒
五化	生	长	化	收	藏

这一五行与物象归类在临床上有什么应用呢？首先就是对于疾病的诊治。五行学说则把人体脏腑形体和自然界相类似的有关事物，分别归属于五行系统，从而说明人体五脏系统和自然界同类事物之间，存在着相互通应、相互影响的关系。这为疾患的诊治奠定了基础，例如，脾属土，故与五官之“口”、情志之“思”以及季节之“长夏”、气候之“湿”，不仅存在着某些生理上的内在联系，而且在病理上也能得到某些反映和验证。假如一个人口味偏甜的话，则可反映其脾湿蕴盛等。

再就是对于养生的指导，这一点使得五行与物象归类表更像是一张了解病因病理的一张“说明书”，也像是人体治病防病的“健康地图”。不仅仅是能举一反三的事，甚至能知一而推知数十甚至数百。这里以肝为例做一个简单的说明。

此表中，与木型人相对应的项目有肝、胆、目、筋、怒、风、青、酸等等，其相互之间的联系是“肝脏与六腑之胆相表里”，“肝开窍于目”，“肝主筋”，“怒伤肝”，肝病易生“肝风”，“青色多属肝风”，“酸味入肝”等；横向来看，青色属肝风，赤色属心火，黄色属脾湿，白色属肺寒，黑色属肾虚；用药时，酸味入肝，苦味入心，甘味入脾，辛味入肺，咸味入肾等。

相生相克，五行与五脏生克相应关系

表面上看，五行都是自然之物，在那里做轨道式的圆形运动，相互影响，跟人没什么关系。事实上，五行的相互生克并没有脱离人的力量，这是因为水、火、木、土都是以自然物质的形式出现的，但金呢？金是一种自然物的提炼，是一种劳动的结果，所以说，没有人类活动的参与，五行不能成立，也不能“行”起来。

人到底与五行的生克有什么样的关系呢？

从五行与人体脏腑对应关系的划分来看，二者属性相同。如肝喜条达，有疏泄的功能，有“木”生发的特性，故以肝属“木”；心阳有温煦的作用，有“火”阳热的特性，故以心属“火”；脾为生化之源，有“土”生化万物的特性，故以脾属“土”；肺气主肃降，有“金”清肃、收敛的特性，故以肺属“金”；肾有主水、藏精的功能，有“水”润下的特性，故以肾属“水”。

从五行生克关系和人体脏腑组织之间内在联系来看。肾（水）之精以养肝，肝（木）藏血以济心，心（火）之热以温脾，脾（土）化生水谷精微以充肺，肺（金）清肃下行以助肾水。这就是五脏相互资生的关系。肺（金）气清肃下降，可以抑制肝阳的上亢；肝（木）的条达，可以疏泄脾土的壅郁；脾（土）的运化，可以制止肾水的泛滥；肾（水）

的滋润，可以防止心火的亢烈；心（火）的阳热，可以制约肺金清肃的太过，这就是五脏相互制约的关系。

天地万物是一个大宇宙，人则是一个小宇宙。由此，由五行的生克就可以推知人五脏之生克。从大的方面看，五行平衡化生，则大宇宙风调雨顺，万物化生。反之，如果五行失衡则会出现如洪灾、火灾、地震等天灾。从小宇宙来看，人体如果五脏应五行而相对平衡时，身体就会很健康。

体内肾滋养肝，肝滋养心，心滋养脾，脾滋养肺，肺滋养肾，肾越好，肝越好，各脏器之间就会产生一种良性互动。反之，五脏应五行处于失衡状态的话，则脏器相对紊乱。打个比方说，假如一个人脾胃不好就会克肾，肾会克心，心克肺，肺克肝，肝克脾。总体说来，就是“顺之生，逆则克”。

对于相克需要说明的是，相克不要被误认为就是不好的关系，且不说事物的相克使得内脏得以运化循行，即使从小的方面讲，相克才使得机体能在一个平衡的水平运化，否则，盛衰没有平衡自然生病。假如水不克火火会失控，火不化水，水必成患。

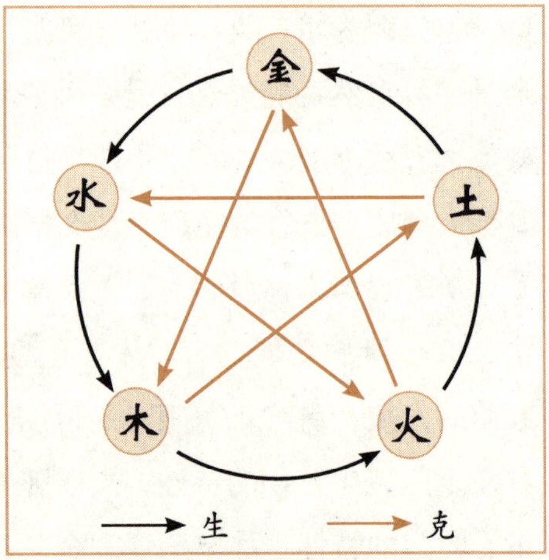

自然界由木、火、土、金、水五大类物质组成，相生相克是如此，人体由肝（木）、心（火）、脾（土）、肺（金）、肾（水）五大藏象系统组成，相互关系又如何呢？

从相生的关系来看，是木生火，所以肝生心，如肝藏血以济心；火生土，所以心生脾，如心之阳气可以助脾；土生金，所以脾生肺，如脾运化水谷之精气可以益肺；金生水，所以肺生肾，如肺气清肃则津气下行以资肾；水生木，所以肾生肝，如肾藏精以滋养肝的阴血，循环相生。举例说：如果一个人脾胃（土）好，从不挑食，吃什么都香，那么，一般来说，这个人的肺（金）气充盈，一般不会有咳嗽等情况出现；再如，一个人如果肾康健，那么，肾主水，属于水，水可以生木，那么，肾(水)滋肝（木），所以，肾好的人，一般肝也不会有什么问题。正是从这样的认识出发，所以，一个人如果肝（木）之气虚弱，即肝气不舒，那么，中医则不会为补肝而补肝，则往往会先强肾进而补肝，“头痛不医头”的道理就在这里。

再说脏腑相克的关系。如：木克土，所以肝克脾，肝（木）的条达，可以疏泻脾（土）的壅滞；土克水，所以脾克肾，脾（土）的运化，可以防止肾（水）水的泛滥；水克火，所以肾克心，肾（水）阴的上济，可以制约心（火）阳亢烈；火克金，所以心克肺，心（火）的阳热，可以制约肺（金）的清肃太过；金克木，所以肺克肝，肺（金）的清肃下降，可抑制肝（木）阳的上亢。具体说来，如果一个人心(火)之气太重，就要碍及肺(金)气之肃降。所以，如果一个人的心脏不适往往会引起肺部不适，出现咳喘等症，这就是火克金。所以，如果要防止咳喘，则应强心而平稳心气。再如，一个人要是肝（木）气郁结则脾（土）胃不和，运化不灵，消化不良，即木克土。要想脾胃（土）好，肝气要舒展。而假如一个人的肾（水）阴不足可引起心（火）扰动，两者失去协调关系，那么，就会出现中医上常说的心肾不交，表现为心烦、失眠、多梦、心悸等，所以这个时候，防治需要先补“肾”。

从上面的举例，我们就能看出来，母病会累及到子：如母脏（肝）先病，然后累及子（心）脏。这种情况一般病情较轻。只要先补母（肝）则往往能得到很好的调理。假如子病及母，那么，子脏（肝）先病，然后累及母（肾）脏。属于一种逆克现象，一般情况下，则病情较重，这个时候，依然是从病原出发，需要先补“子”。但必须指出，从五行学说来说明脏腑之间的平衡关系，存在一定的局限性。这是因为五脏对应五行只是抽取了五脏的部分特性，五行并不能解释世界上的一切现象，只是部分关系。

五行生克与人体脏腑病症关系

脏者，藏也。腑者，化也。阳性化，阴性藏。藏者藏其所化，化者化其所藏。人身秉造化的阳气而生腑，秉造化的阴气而生脏。腑为阳，其色明。脏属阴，其色暗。阳而明，故能化。阴而暗，故能藏。此脏腑二字之意也。

五行的相生相克跟人体脏腑相应，那么，会有哪些病症表现呢？这就像铺路、搭桥一样，在理清了五行与《易经》之间的渊源关系、同时又在层层深入、说明了什么是五行以及五行之间相互关系、五行关系在脏腑之间的体现后，这里就更加紧密地落实到了五行与人体脏腑疾病之间的关系。

（1）相生与脏腑关系

水应肾，木应肝，因水生木，则肾循环系统好，可促进肝循环系统正常运行。

木应肝，火应心，因木生火，则肝循环系统好，可以促进心循环系统正常运行。

火应心，土应脾，因火生土，就像是太阳对大地的照射一样，所以，如果心循环系统好，则可促进脾循环系统正常运行。

土应脾，金应肺，因土生金，则脾循环系统好，可以促进肺循环系统正常运行。

金应肺，水应肾，因金生水，则肺循环系统好，可促进肾循环系统正常运行。

（2）相克与脏腑关系

水应肾，火应心，因水克火，则肾循环系统不好，心循环系统逐渐进入异常状态。

火应心，金应肺，因火克金，则心循环系统不好，肺循环系统就会逐渐进入异常状态，例如：心肺衰竭等等。

金应肺，木应肝，因金克木，则如果肺循环系统不好，肝循环系统就会逐渐进入异常状态，例如肺阴虚引起的肝阳亢进等。但如果没有“金”克木。木则乱而失序,乃生为灭，自生自灭。

木应肝，土应脾，因木克土，则如果肝循环系统不好，脾循环系统就会逐渐进入异常状态，例如肝胃不和等。但是土如果没有“木”的制约，又会沙化。

土应脾，水应肾，因土克水，则如果脾循环系统不好，肾循环系统就会逐渐进入异常状态，例如脾虚引起的肾病等。但是如果土克不了水，水又会泛滥成灾。

那么，如果疏泄、收敛、宣通、封藏、运化不佳的话，人体主要的几大“要件”又会出现什么具体的病症呢？说明如下：

如果一个人不及时疏泄肝木之气，那么，水中的火气就不足。就会出现尿少、腹痛、无汗、胁痛、粪难、妇人月经来迟等病。但如果没有很好地把握一个度而疏泄太过，又会出现金气不足，出现与之相对的另外一种病症现象，即自汗、发热、尿多、耳鸣、遗精、头晕、月经来早等病。

如果一个人不及时收敛肺金之气，那么，木气就会过于疏泄，出现头晕、上气、尿多、汗多、咳逆、发热、遗泄、痿软等病症。而如果收敛太过，则火气不能宣通，出现胸闷、粪艰、恶寒、无汗等病。

如果一个人没有恰到好处地宣通心火之气，那么，木火之气必虚，出现口淡、神倦、血痹、血寒等病。而如果宣通太过，则中气虚，金气不降，又会出现喉痛、心跳、舌痛、心烦等病。

如果一个人没有很好地封藏肾水之气，则金气收敛之力衰，木气疏泄太过，出现发热、头晕、足肿等病。需要说明的是肾水基本上不存在封藏太过之病，只有在肾水之气不固的时候，才会出现病症，而肾水之气越能很好地固藏，身体就会越健康。

如果一个人没有很好地运化脾土之气，则水火之气虚必虚，就会出现停食、上吐下泻、腹满、全身倦怠、四肢不举等病。如果一个人的脾土运化太过，则土气填实不能运化。

第二节

对号入座，“五行人”养生方略

古代医学家张景岳曾说“造化之机，不可无生，亦不可无制(克)；无生则发育无由，无制(克)则亢而为害。”从这段话中，不难明白一个道理：养生需遵五行规律。根据人与五行的联系及五行生克关系来阐述五行养生中的饮食调节。五行是万事万物的一个本始，也是人的本始。所以，没有人能真正“跳出三界外不在五行中”，所以，从五行的角度来定位每一类人，进而就能借助五行的特点来通晓人体健康的一些特征，从而确定出有针对性的养生方案。

金行人养生总则：润肺养肠

五行之金对应脏器为肺，且金主燥，所以金行人养生需要注意的脏腑是肺与大肠。阳气多而阴气少，容易患燥热疾病。此外，气管及整个呼吸系统也需要做重点患病防治。具体说来，以患肺、大肠、脐、肝、皮肤、痔疮、鼻、气管等方面的疾病居多。综合起来看，金行人养生建议如下：

（1）养生总则：润肺养肠

金行人养生的总体建议是饮食宜以清淡为主。所以，建议多吃一些如水果、蔬菜等植物类的食品。根据火克金，金克木来看，“金气”过旺金行人养生的时候，需要多吃一些带有“火”性和“木”性的食物，什么是属于中医说的“火”性食物呢？从特点上看，有这么几个：火性食物多苦味；火性食物多赤色。比如可以吃一些如苦瓜之类的食物，吃一些如红豆、红枣、胡萝卜、西红柿等火性食物。此外，滋长“木”性之气，也可以反过来平抑过盛的“金气”。而木对应的颜色是青色，所以，适当吃一些青色的食物，而且越是青色的植物，效果越是好。

（2）肺病保健与防治

肺病是肺脏的各种病证的总称。临床主要表现为面色灰白、目睛上视、惊跳、颈项反折、手松开、张口吐舌、声如羊叫等。由肺虚受邪、伤及肝肾所致。《太平圣惠方·治肺虚补肺诸方》说：“若肺虚则生寒，寒则阴气盛，阴气盛则声嘶，语言用力，颤掉缓弱，少气不足，咽中干，无津液，虚寒之气，恐怖不乐，咳嗽及喘，鼻有清涕，皮毛焦枯，诊其脉沉缓者，此是肺虚之候也”。

肺病有寒热虚实之分，治有祛风宣肺、清热润燥、肃肺化痰、温肺化饮、滋阴降火、益气养阴诸法。当然，病型不同，治疗的原则也不一样。比如气虚型肺病要补益肺气；阴虚型肺病需要滋阴润肺，或滋阴降火；而风寒束肺型肺病则要宣肺散寒解表；肺热壅盛型肺病则需要清热宣肺，止咳平喘；而燥邪犯肺型肺病则需要清肺润燥；痰饮停肺型肺病则需要温肺化痰。

日常生活中，多进食一些润肺食品，能起到很好的治疗作用。

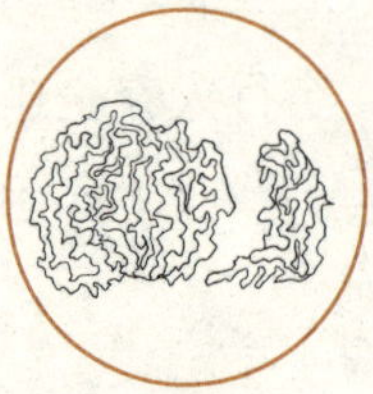

银耳：具有润肺化痰、养阴生津的功效，做菜肴或炖煮食用，可治疗阴虚肺燥、干咳无痰或痰多黏稠、咽干口渴等症，与百合做羹食用疗效尤佳。

柑橘：具有生津止咳、润肺化痰、醒酒、利尿等功效，适用于身体虚弱、热病后津液不足口渴、伤酒烦渴等症，榨汁或蜜煎，治疗肺热咳嗽尤佳。

梨子：具有清热解毒、润肺生津、止咳化痰等功效，生食、榨汁、炖煮或熬膏，对肺热咳嗽、麻疹及老年咳嗽、支气管炎等症有较好的治疗效果。

石榴：具有生津、止烦渴作用，凡津液不足、口燥咽干者，可用石榴捣汁或煎汤饮，能清热解毒、润肺止咳。

葡萄：具有补肝肾、益气血、生津液、利小便等功效，生食能滋阴除烦，捣汁加入蜂蜜煎膏，以开水冲服，对烦热口渴尤佳。

蔗汁：具有性平味甘，为解热、生津、润燥、滋养之佳品，能助脾和中、消痰镇咳、治噎止咳，有“天生复脉汤”之美称。可用于治疗口干舌燥、津液不足、大便燥结、高热烦渴等症。

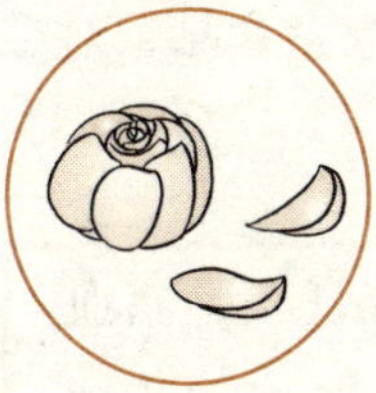

百合：具有润肺止咳、清心安神的功效，对肺结核、支气管炎、支气管扩张及各种秋燥病症有较好疗效。熟食或煎汤，可治久咳、干咳、咽痛等症。

萝卜：具有清热化痰、生津止咳、益胃消食的功效，生食可治疗热病口渴、肺热咳嗽、痰稠等症，若与甘蔗、梨、莲藕等榨汁同饮，效果更佳。

柿子：具有润肺止咳、清热生津、化痰软坚之功效，鲜柿生食对肺痨咳嗽、虚热肺痿、咳嗽痰多、虚劳咯血等症有良效。

（3）大肠病保健与防治

大肠病，属于六腑病候之一，且大肠与肺相表里。大肠的生理功能是主传导，排泄糟粕。大肠病证有湿热内侵、津液不足和阳气亏虚等。大肠出问题，主要会出现湿热、液亏和滑泄三个方面。大肠湿热证是指湿热侵袭大肠所表现出来的证候。多因外感湿热之邪，或因饮食不节等因素造成，需要说明的同样是腹泻，一般实证归大肠，虚证归咎于脾。大肠液亏证是指体内津液不足，不能润养大肠所表现的证候，其原因主要是因为久病热病伤阴，或素体阴亏，或妇女产后阴血内亏等因素引起。肠虚滑泄证是指大肠阳气虚衰，不能固摄所表现的证候。多由久泻、久痢所致。

日常保养，需要多吃一些润肠食品，主要如：

金气主燥通于肺，而肺与大肠相表里，所以，金行人还易患便秘，因此，养生还必须加强肠道畅通的“管理”，以便迅速排除毒素。假如因为饮食或者饮食习惯的问题而造成消化不良，那么，就会造成毒素停留在肠道，被重新吸收，给健康造成巨大危害。因此，日常生活中就要多吃一些润肠的食物。如木瓜，木瓜属于《易经》中的象意食品，对金行人很有益处。此外，还有以下食品可以参照选用。

猪血：现代营养学的研究证实，猪血有除尘、清肠、通便的作用。这是因为猪血中的血浆蛋白被消化液中的酶分解后，产生一种解毒和润肠的物质，能与侵入人体内的粉尘和金属微粒反应，转化为人体不易吸收的物质，直接排出体外。

海带：海带中的褐藻酸能减慢肠道吸收放射性元素锶的速度，使锶排出体外，因而具有预防白血病的作用。此外，海带对进入体内的镉也有促排作用。话说早在公元前221年秦始皇统一六国之后，就曾派方士徐福带领童男童女不远千里到东海去寻找长生不老药。据一些学者研究发现，说秦始皇所求仙药实际上就是海带。

魔芋：是目前发现的唯一能大量提供葡甘露聚糖的经济作物，其主要成分是葡甘露聚糖，它不仅含有人体所需的10多种氨基酸和多种微量元素，更具有低蛋白质、低脂肪、高纤维、吸水性强、膨胀率高等特性，具有降血脂、降血糖、降血压、通便等多种疗效。是有名的“胃肠清道夫”、“血液净化剂”。

蜂蜜：蜂蜜中含有与人体血清浓度相近的多种无机盐，还有一定数量的维生素B_1、维生素B_2及铁、钙、铜、锰、磷、钾等，蜂蜜中含有大约35%的葡萄糖、40%果糖，这两种糖有“人体燃料动力”之称。蜂蜜具有润肠通便的功效，常吃蜂蜜在排出毒素的同时，对防治心血管疾病和神经衰弱等症也有一定效果。

木行人养生总则：养肝舒胆

五行之木对应肝，而肝与胆相表里，因为肝又主筋，所以，木行人养生首先要注意的人体脏腑是肝和胆，其次是筋骨和四肢。如果身体营养失衡，比较容易患肝、胆、四肢、关节、筋脉、眼、神经等方面的疾病。综合起来看，对木行人的养生建议如下：

（1）养生总则：养肝舒胆

从食物的分类与归属来看，五行中金克木、木克土，所以，如果肝木过旺，则需要利用“金”性和“土”性食品来平抑，而与“金”相对应的五味属于“辛”；而与“土”性相对应的则是“甘”性，所以，饮食上应该多吃点辛辣和甘甜的食品。比如，“辛”味食品有葱、姜、蒜、韭、椒等；而“甘”性食品有如：大米、小米、糯米、高粱、薏苡仁、豇豆、扁豆、黄豆、甘蓝、菠菜、胡萝卜、芋头、红薯、土豆、南瓜、黑木耳、香菇、桂圆、栗子等，木行人可根据自己的口味选择，最好多吃一些。

从颜色的角度来看，木行人养生需要以白（金主白）和黄（土主黄）为主。金性食品该怎么来划分呢？日常生活中，追求一种“质”，即收敛封藏之性，而不是简单的“金色”。比如冰镇类食物都属金。如冰激凌、雪糕、果冻等，还有日常生活中吃的冻肉也属于此类食品。从中医归类来看，一切动物的肺及肠，也都属金，如猪肺、鸭肠、血肠等。土性食物很好理解，有土豆、黄豆、白薯、糯米等。

（2）肝病保健与防治

中医认为，除了食积、饮酒、郁闷、过食肥甘厚味等可能引起肝功能发生改变外，体质是一个重要的方面。不同体质自然调整的方案也不相同。比如：

脾虚气弱者，多见于身体虚弱缺少锻炼者。有动则气短出汗、面色苍白无华、午后下肢浮肿、舌淡苔白等症状。此类人在日常生活中要多做运动，从方剂的角度来看，则可以用等量的黄芪、云茯苓，磨粉过筛去渣备用。取60克大米熬粥，起锅前加入15克药粉，搅匀即服，每日2次即可。

肝阴亏损者，多见于经常熬夜者。有睡觉出汗、形体瘦弱、舌红少苔等症状。这类人生活上要注意科学休息。比如，晚上子时一定要睡好觉。晚上工作或者游玩不能超过23点。方剂可以选用北沙参、麦冬、酸枣仁等量，加水熬煎1小时以上，滤渣留汁，再熬浓缩，加冰糖熬成能流动之膏状，冷却后放入冰箱备用。每次服10毫升，每日3次即可。

肝胆湿热者，多为长期饮酒及喜食肥甘者。这类人在日常生活中一方面要安排少应酬，以防止出现尿液浑浊、面色灰黄、体乏喜卧、舌有黄厚苔等症状。可以选用的方剂是鱼腥草30克、茵陈5克，煎水去渣留汁，汁中放入去壳鸭蛋1个，煮熟即可吃蛋喝汤，每日1次即可。

气郁食积者，多见于好动气而影响肝脾功能者。生活中不如意之事十之八九，不仅仅是针对此类人说的，所以，不要常常动怒。其主要表现有胃中不适、大便不爽、胸胁胀痛、舌有腻苔等症状。方剂可以将佛手片、砂仁等量磨研成粉过筛，每次3克，下入用鲫鱼1至2条熬成的汤中，搅匀即可服用，每日1至2次即可。

不难看出，良好的生活习惯的养成，对于身体有非常重要的防护作用，尤其对于现在提得比较多的乙肝等的预防有直接的作用。如急性甲肝和戊肝是由于饮食、饮水不洁，生食肉类或海鲜造成的；有些丙肝和乙肝患者是经卖血、文身或性行为等途径感染的；酒精性肝病、脂肪性肝病是由于大量酗酒、饮食无节制、大吃大喝导致的。因此，预防各种肝病，必须从生活点滴做起。

（3）胆病保健与防治

胆病，六腑病候之一。胆内藏清汁而主疏泄，所以胆液被阻，不得泄越，一般人体都会出现泛黄的征象。胆病有寒热虚实之分。据《脉经》卷二说："胆实者证见腹中气满、饮食不下、咽干、头重痛、洒洒恶寒、胁痛。胆虚者证见眩、厥、痿、足指不能摇、躄、坐不能起、僵仆、目黄、失精。"《太平圣惠方》卷三说："若虚则生寒，寒则恐畏，不能独卧，其气上溢，头眩口苦，常喜太息，多呕宿水，心下澹澹，如人将捕之，咽中介介，数数好唾，是为胆虚冷之候也。"

肝胆湿热型者，多会出现胁肋满闷，口苦纳呆，呕恶腹胀，大便不调，小便短赤，舌红苔黄腻，脉弦滑数或身目发黄，或寒热往来，或阴囊湿疹，或睾丸肿胀热痛，或带下黄臭，外阴瘙痒等症状，治疗宜以利湿清热、清肝利胆为原则，方用龙胆泻肝汤。龙胆草6克，黄芩9克，山栀子9克，泽泻12克，木通9克，车前子9克，当归8克，生地黄20克，柴胡10克，生甘草6克，作水剂煎服，根据病情轻重决定用药剂量。也可制成丸剂，每服6～9克，日2次，温开水送下。

胆虚型者，多会出现夜多噩梦，惧闻响声，惊悸失眠，时易惊醒，触事易惊，善太息，神疲乏力等症状表现。一般治疗的时候宜以镇心安神、益气为原则。方用温胆汤，即用半夏汤洗7次，竹茹、枳实麸炒,去瓤,各二两(各60克) 陈皮三两(90克) 甘草一两(30克),炙茯苓一两半(45克) 生姜五片,大枣一枚。将以上锉为散，每服四大钱(12克),水一盏半，加生姜五片，大枣一枚，煎七分，去滓，食前服(现代用法:加生姜5片,大枣1枚,水煎服,用量按原方比例酌减)。

当 归

需要特别说明的是，胆病的防治一个重要的方面就是胆结石。防治可以从生活习惯和饮食两个角度进行。对于生活习惯而言，注意饮食卫生是一个重要方面，从生活的点滴做起。不要忽视那些饭前便后要洗手等看似非常不起眼的小事，健康多蕴藏其中。从饮食的角度来看，首先就是按时吃好饭。比如：不吃早餐、暴饮暴食、喝水过少等不良生活习惯，最易使胆汁中胆固醇增高、最后沉积形成胆囊结石。再就是不能暴饮暴食或饥一顿饱一顿；不要食过多高脂食品，防止肥胖。此外，木形人饮酒要少，但像当归酒等滋补类的药酒可常用，这些酒会起到舒通血脉的作用。

水行人养生总则：濡养肾气

五行之水对应的脏腑是肾，而肾与膀胱相表里。所以，水行人养生要注意的脏腑器官是肾与膀胱，其次是脑与泌尿系统。具体说来，如果调养失衡，则容易出现肾系疾病，容易患肾、膀胱、足、头、肝、泌尿、阴部、腰部、耳、子宫等方面的疾病。因此，对水行人的养生建议，总体说来如下：

（1）养生总则：濡养肾气

水行人一般阴气较重，阳气耗损较少，因此，如果能在养生上比较好利用这样的一种品性，那么，往往能长寿。怎么做呢？

阴气重的水行人，尽管阳气耗散不多，但对相对过重的阴气而言，则多因少而失衡。“阴平阳秘，精神乃治”说的也就是这个道理。五行之水对应的颜色是黑色，因此，水行人应该多吃一些黑色的食物。比如黑豆、黑芝麻、蓝莓、香菇、黑枣、桂圆、乌梅等，因为这些食物不仅有强壮骨骼的作用，还能帮助和肾、膀胱、骨骼关系密切的新陈代谢正常，使多余水分不致积存在体内造成体表水肿。

再一个简单的方式就是，吃姜。中医认为生姜性微而味辛，功能健脾胃、散风寒，有发汗、暖胃、止呕、祛痰、祛风、散寒、解毒等功效，故爱姜者历代不乏其人。“一斤生姜半斤枣，二两白盐三两草，丁香沉香各半两，四两茴香一处捣。煎也好，煮也好，修合此药胜如宝。每日清晨饮一杯，一世容颜长不老。”这是古医书《奇效良方》中“容颜不老方”的歌诀。该方以生姜为主药，每次三五钱，清晨煎服或沸水汤服，有防衰老、葆青春的奇特功效。想走运的水形人，尤其是年轻的女子，可照方子试一试。

（2）肾病保健与防治

《素问·脏气法时论》说：“肾病者，腹大胫肿，喘咳，身重，寝汗出，憎风，虚则胸中痛，大腹小腹痛，清厥，意不乐。”肾病有寒热虚实之分。《太平圣惠方·肾脏论》说：“若肾虚则腰背切痛，不能俯仰，足胫小弱，多恶风寒，手足厥冷，呼吸少气，骨节烦疼，脐腹结痛，面色黧黑，两耳虚鸣，肌骨干枯，小便滑数，诊其脉浮细而数者，是肾虚之候也。”“若实则阳气盛，若阳气盛则生热，热则舌燥咽肿，心烦嗌干，胸胁作痛，喘咳汗出，小腹胀满，腰背强急，体重骨热，小便赤黄，好怒好忘，足下热疼，诊其脉浮紧者，是肾实之候也。”

从辨证论治的角度来看，肾病防治尽管方式方法不少，但有一些总则却是原则性的。如肾阳虚，主要表现为畏寒肢冷，浮肿，或夜尿频多（或尿少），大便溏，气短声低，自汗，眼目无神，阳痿滑精，面色暗淡，腰背酸，胫酸跟痛，耳鸣耳聋，发脱枯悴，齿摇稀疏，舌淡胖润，脉浮虚或沉迟。治疗的时候需要温补肾阳；肾阴虚，主要表现为五心烦热，头晕目眩，便秘尿赤，傍晚口干，盗汗，腰背酸，胫酸跟痛，耳鸣耳聋，发脱枯悴，齿摇稀疏，梦遗，阳痿，舌红或裂，或有剥苔。主要表现为滋阴养肾。

治病不如防病，有再好的治疗方法，治愈率再高，也不如不得病。而肾为先天之本，对身体的影响更是不可小视，直接关系到人体的生活质量。如果我们把治病看成是保护身体的预备方案的话，那么，养生的最佳选择就是预防疾病。针对坎水人的养肾来说，则尤其是如此。那么，日常生活中，该如何防治肾病呢？

第一，习惯方面

日常生活，不可暴饮暴食，以防止病从口入。从现代医学来看，暴饮暴食有害肾脏健康，人体吃下大量的食物〔动植物性蛋白质〕之后，尿酸及尿素氮等衍生物皆需由肾脏负担排除，所以，平时定时定量饮食有利于防止人为加重肾脏负担。

第二，用药方面

用药需谨慎，不要随便拿药进行盲目的“自治”，未经医师开处方、乱服成药，有碍肾脏功能。有很多人有病时经常自作主张购买成药(抗生素)服用，抗生素过量时会妨碍肾脏的功能，利尿剂尤其更不可私自服用。

第三，身体检查

在日常生活中要注意有意识地对身体进行检查。因为肾主二便，所以，日常生活中对于大小二便，尤其是小便，在便量、便色等方面都要细心观察，发现问题及时就诊。再就是要坚持每半年就做一次尿液筛检、血压的检测。因为几乎大半的肾脏病人肾脏损坏过程是在不知不觉中进行的。

（3）膀胱病保健与防治

膀胱病是膀胱病症的总称，这里就日常比较普遍的膀胱炎做一个防治上的说明。膀胱炎,顾名思义就是膀胱内膜发炎，而它的性质分两种，一种是细菌性的，第二种就是非细菌性的。由于女性的会阴是细菌最多的地方，因此膀胱很容易受细菌感染。加上女性的膀胱跟肛门的位置很相近，感染的机会也会大大增加。

在日常生活中，为避免膀胱发炎，女性朋友平时就应注意自身的卫生习惯。例如，如厕后用卫生纸擦拭时，动作就应由前往后擦，避免将肛门处的病原菌带往尿道口；性行为后，也要养成上厕所或冲澡的习惯，忌用额外的化学药物(如消毒水、妇洁液等)清净，这会把保卫身体的正常细菌杀死，抵抗力相对地变差。

此外，要避免穿着紧身的裤子、长筒丝裤袜，否则容易使会阴部密不通风而湿热，刺激细菌生长。选择棉质、吸汗且宽松衣物为佳，一切以清爽、干燥为原则；不要用有香味的沐浴剂，因为这样会使膀胱的内膜受到不必要的化学物刺激；拥有多名性伴侣或刚更换性伴侣的人，患病率会较高，因此要加倍留意；在感到尿急时，就应及时将尿液排出，不要等太多的时间。而每次排尿的时间都要记得留意已将尿液彻底排出。

火行人养生总则：养心安神

五行之火对应心，而心与小肠相表里。所以，火行人养生要注意的人体脏腑是心和小肠,其次是血脉及整个循环系统。如果身体营养失衡，容易患小肠、心脏、肩、血液、经血、脸部、牙齿、腹部、舌部等方面的疾病。综合起来看，对火行人的饮食养生建议如下：

（1）养生总则：养心安神

火行人一般阳气偏盛，所以，需要做的就是滋阴抑阳，调养心肾，以水济火。阳气太盛，而水可以克制火，所以，火行人养生需要多进食一些水性食物，吃一些蔬果之类清淡的东西。比如鸭梨、苹果、龙眼、桃、西瓜、香蕉、芒果、水蜜桃、哈密瓜、葡萄等等。再就是鱼和海鲜，基本是火行人既能保持平抑旺火之气，还能满足口福之乐的食物。

此外，火行人在饮食颜色的选择上，应该适当摄取红色食物。一方面“赤入心”，所以，吃点红色的食物能帮助火行人颐养心气，但如果过盛则需要平抑，可以选择“水”性的黑色食物。比如黑米、黑麦、紫米、黑荞麦、黑豆、黑豆豉、黑芝麻、黑木耳、黑香菇、紫菜、发菜、海带等则是饮食保健的必需食物了。现代研究认为，黑色食物有助提高与肾、膀胱和骨骼关系密切的新陈代谢和生殖系统功能。可调节人体生理功能，刺激内分泌系统，促进唾液分泌，有促进胃肠消化与增强造血功能，对延缓衰老也有一定功效。

（2）心脏病保健与防治

心脏病是一类严重威胁生命健康的疾病。中医对此一般采取辨证论治的方式进行调理。这里主要就三大富贵病之一的“冠心病”的防治和调理做一个说明。

痰瘀互结型，此型病症多见发枯爪青、唇青口黏、呕恶痰多、纳呆怔忡；或者兼有头重身困、苔腻脉滑或舌紫脉涩等症。治疗的时候宜以祛痰化瘀为原则，方用竹茹10克，枳壳10克，云茯苓15克，陈皮15克，丹参30克，川芎10克，莱菔子10克，水蛭粉3克，冲服即可起到调理的作用。

气阴两虚型，此型病症多见气短乏力、隐痛阵作、五心烦热；兼见惊悸潮热、眩晕耳鸣、纳差脘胀；舌红少苔或舌淡苔薄等症。治疗的时候宜以益气养阴为原则。方用人参3克水煎兑服，生黄芪15克，麦冬10克，黄精15克，仙鹤草10克，生白芍10克，当归10克，三七粉6克，冲服即可起到调治的作用。

肾亏寒凝型，此型病症多见彻背肢冷、胀痛时作、形寒心惕；兼见倦怠肿胀、畏寒面白、胁胀自汗。治疗的时候宜以调肾散寒为原则，方用枸杞子10克，生地黄10克，全瓜蒌30克，薤白10克，桂枝10克，蛇床子10克，鹿角霜15克，槲寄生10克，服之即可。

（3）小肠病保健与防治

小肠病，为六腑病候之一。小肠受盛胃中水谷，主转输清浊，与心相表里。其病有寒热虚实之分。《太平圣惠方》卷四，谓“小肠虚则生寒，寒则肠中痛，惊跳，乍来乍去，小便数；实则生热，热则心下急痹，口张、舌上生疮，身热来去，汗出，心烦身重，小腹胀急，小便赤涩不利”。

小肠出问题，诱因很多，情况相对比较复杂。但治疗的原则却是万变不离其宗。具体说来，小肠病一般有实热和虚寒两种，实热则多有心烦、小便赤涩、小腹拘痛或尿急、尿频，甚至血尿，舌红苔黄等。这个时候治疗就要以清利实热、导热下行为原则。而对于小肠虚寒，则多见有遇寒则甚、大便稀溏、食谷不化、小腹坠痛、小便清长、苔白、脉沉迟诸症。治疗的时候宜以温阳散寒、行气止痛为原则。

土行人养生总则：祛痰除湿

五行之土对应的脏器是脾，而脾与胃相表里。土多偏湿，湿气通于脾，所以，土行人对应的脏器属脾，所以从五行脏器养生的角度来看，土行人容易有脾胃之患。所以，土行人还要多注意防止痰湿病，这也跟土行人气血运行缓慢有关系。土行人具体说来，比较容易患脾、胃、背、肋、胸、肺、肚等方面的疾病。综合起来看，土行人的养生建议如下：

（1）养生总则：祛痰除湿

土行人基本可以不借鉴相生相克来调理养生，因为土行人的阴阳比较平和，这也是很多土行人能够长寿的一个重要的原因。从与之对应的脏腑来看，土行人需要多调节脾胃，吃些属于本行所对应的“土”性食物即可。比如，红薯、土豆、黄豆、白薯、山药、糯米、牛肉、枣等。其中最值得推荐的食物就是红薯，这一点从《本草纲目》中就可以看出来，红薯有“补虚乏，力益气，健脾胃，强肾阴”的功能。

与五行之土对应的五味为甘，对应的五色为黄，所以，土行人在饮食上还可以适当摄取一些甜食和黄色食物。吃甜食大家已经比较熟悉，只是糖尿病者要回避，肥胖者需当心。而黄色食物，则可以选取黄豆芽、蛋黄、玉米、柠檬、橙、菠萝、香蕉、谷类食物等。现代研究认为，黄色食物可以健脾，增强胃肠功能，恢复精力，补充元气，进而缓解女性激素分泌衰弱的症状。黄色食物对消化系统很有疗效，同时，对提高记忆力也有帮助。

（2）脾病保健与防治

脾病，泛指脾脏各种病证。《素问·脏气法时论》说：“脾病者，身重，善饥，肉痿，足不收，行善瘛，脚下痛，虚则腹满肠鸣，飧泄，食不化。”就具体的论治而言，如果是脾阳虚则宜以温中健脾为原则；而如果是中气不足则应该健脾补气，如果是中气下陷则应该升提补气。如果是脾虚湿困，则应以健脾化湿为原则；如果是湿热内蕴，那么，治疗的时候就应以清热利湿为原则。

从上面的分析不难看出，土行人养生以健脾为先，食补是关键，需要强调的是，必须坚持“清补”为原则。吃一些具有健脾、清热、利湿的食物或药物，可以使体内的湿热之邪从小便排出。

具体如：具有补气、健脾功效的马铃薯，可以适用于脾虚体弱，食欲不振，消化不良者；具有补脾胃、益气力、宽肠胃之功的红薯，可以适用于脾胃虚弱、形瘦乏力、纳少泄泻者；具有益胃气功效的香菇，适用于脾胃虚弱、食欲不振、倦怠乏力者；具有补气健脾、养阴益肺、补肾固精功效的山药，适用于脾气虚弱、食少便溏、慢性泄泻者；具有补脾健胃、补肾强筋、活血止血功效的栗子，适用于脾虚食少、反胃、泄泻者；具有补益脾胃、养血安神功效的红枣，适用于脾胃虚弱、食少便稀、疲乏无力者；具有补中益气、补精添髓功效的鸡肉，适用于脾胃虚弱、疲乏、纳食不香、慢性泄泻者；具有补益脾胃功效的猪肚或牛肚，适用于虚弱、泄泻或病后气虚、脾胃虚弱、消化不良者。

此外，因为土行人湿气比较重，在养生时还可以用燥攻之，用温燥的食物来克制体内的湿气，可以多吃一些羊肉、辣椒、生姜之类的食物。如果是妇科的病症，还可以多吃一点牛肉，这对肌肉是最有利的。

（3）胃病保健与防治

所谓胃病，实际上是许多病的统称。对于胃病的调理，中医的辨证论治原则为：胃气虚寒以温胃益气为原则；胃阴不足以益胃生津、兼清胃热为原则；胃火炽盛以清胃泻火为原则；食滞胃脘以消食导滞、和胃降逆为原则。

此外，胃病的防治，在日常生活中，还可以做以下几个方面的工作：

第一，胃病五养

即保暖护养、饮食调养、忌嘴保养、平心静养、运动健养。需要说明的就是忌嘴，胃病患者应以温、软、淡、素、鲜为宜，做到定时定量，少食多餐，使胃中经常有食物和胃酸进行中和，从而防止侵蚀胃

黏膜和溃疡面而加重病情。

第二，习惯方面

应注意少吃刺激性的食物：咖啡、酒、肉汁、辣椒、芥末、胡椒等，如凤梨、柳丁、橘子等酸度较高的水果也要少吃。再就是吃饭的时候，要细嚼慢咽，且心情要放松。如果有喝酒和抽烟习惯的，尽可能戒掉烟酒。

第六章

《易经》导引原理与经络养生

《易经》与经络导引之间是什么关系？经络中分阴经、阳经、阴络合阳络，其阴阳思想来自《易经》。而通过这些经气的循行、贯通而起到养生与保健的效果。《灵枢·经脉》也说："经脉者，所以能决死生，处百病，调虚实，不可不通。"不难看出，经络贯通上下，沟通内外，纵横交错。所以，经络导引不仅在生理上，而且在病理上、疾病的防治上都有着不可替代的作用。第一节　形随意动，探秘《易经》导引原理

◎第一节　形随意动，探秘《易经》导引原理

◎第二节　经穴导引，八大穴防治常见疾病

第一节

形随意动，探秘《易经》导引原理

人体内气机循行，就犹如是城市的交通一样，交通离不开警察，而气机的循行要有条不紊，则离不开导引。《易经·系辞》说“变动不居，周流六虚”就是儒家导引及道家大、小周天功的理论基础。不仅如此，导引还是气功的前身，与武术相比，导引重意，强调动作的流畅与柔和，而武术重形，则是在强调动作的力量与技巧，仅此而已。

养生绝学六：身体长有治病大药

导引是一种修炼方法，是通过按摩拍打、呼吸吐纳、肢体动作、行气意想等一系列特殊方法，采撷天地精气来调动和激发人体内气，从而达到强身健体的目的。从词义上来看，导、引实际上说的是一回事儿，“导”如“向导”，具有带领的意思；而“引”如“引领”，有“指引”之意。故“导”与“引”是同义词。进一步的探寻，很容易就会发现，导、引属于同义复合词，而导引的对象“气体”和“意念”也是类此。意念不用多说，意和念大略相同，很明显；而“气”与“体”的含义表面看是截然不同，但事实上两者密不可分。“气聚则成形、气散则形亡”，这里的“形”就是体，即身体，从这里可以看出，气相聚就成为了体。“导引”是为了使“气”与“体”皆趋向柔和。

研究发现，导引术的出现远比“导引”一词来得早。《山海经》中有“无骨子食气”等记载，这里所谓的“食气”，就是“咽气”、“服气”的意思，就是把“气”当作一种来自自然界的精华物质，这就已经是一种具有养生意义的吐纳导引之法了。1973年长沙马王堆汉墓出土文物帛书中除“导引图”等内容外，还有“却谷食气”一篇，其中就说“食气者为呴吸”，也印证了食气即呼吸吐纳的含义。

事实上，作为一种修炼方法，“导引”机制来源于《易经》的刚柔相济理论，现在广受大家喜欢的健身运动太极拳就深受其影响，表现出一种动静相兼、刚柔相济的内质特点。从太极拳的生成来看，它是武术家模仿道家太极门修炼过程中自发形成的“九宫太极手”，并在把这些动作艺术化的同时，对其赋予搏击意义而编成的套路。现在作为一种深受人们喜爱的健身运动，其搏击的意义大大削弱，而是注重外在肢体动作的动静与刚柔特点，因而更接近于导引术。

“意到气到，效果更妙”，在利用导引之术健身的实践活动中，人们结合《易经》的整体观，将人的内与外、形与神相互贯通，发现其中的健身与调节作用更为明显。渐渐地，将对肢体动作的重视转向了内外结合，甚至更加注重内在心神调节的导引之术。即所谓的“以意引气”。也就是说，在形体的导引活动中，不再是盲目的肢体的来去与流转，而是在体内意念的牵引下进行的，这样一种统一，大大丰富了导引术。以隋代巢元方《诸病源候论》为例，其中有意念倾向的“行气”导引就达36种，其余大多是肢体动作配合吐纳、意念等的综合导引法。

以意引气，导引术不只是讲究肢体的来去与流转，而是在体内意念的牵引下进行的。

除了上面提及的太极之外，现在养生健身用得最多的导引之术就是经络。其中以按摩为主，涵盖了刮痧、拔罐、针灸等治疗方法。对于经络的利用，在《打通经络不生病》中多有提及，这里再结合导引简单说说。经络导引就是通过对经气的控制，使之按照自我意象来完成循行与气血贯通，进而达到养生与保健效果的一种养生之法。如果立足整体，那么，经络的导引多是针对亚健康或者健康人士做的保健和疾病预防，如果是对疾病进行防治和调理，则多需要对相应的经络或者穴位进行针对性的“打通”。总起来看，无论是针对经脉的导引还是针对穴位的导引，其目的都是疏通经络、活跃气血。使经脉正常发挥其运行气血、联络全身的功能，从而达到调养脏腑气血损伤，调整人体功能失调，恢复保持人体自身天然的抗病能力和修复能力。

食气导引：人活着就是一口气

“食气”，又称“服气”与“行气”。指通过吸纳自然界之清气，以导引、咽津等辅助手段，达到辟除邪秽、提升功力的一种修炼方法。从一定程度上理解，就是把“空气当饭吃”。嵇康《养生论》曰：“呼吸吐纳，服气养身。”就是说在呼吸吐纳中吸收天地精气，以此炼养身体。

食气可以养身？不仅如此，还可以养寿，在《论衡道虚论》中就有说：“食气者，寿而不死，虽不谷饱，亦以气盈。”说明行修炼食气功法，可以助人长寿。食气功是一种以吸为主的吐纳锻炼方法，包括调气、咽气、行气、散气、炼气、闭气等环节。从这一古老的导引之术来看，食气导引应把握好练气、运气和用气三个环节。

练气：食气先练气，就跟很多功法要求的一样，先要内敛一口气。需要说明的是，导引中的练气和日常的呼吸不一样。要变鼻息为腹式呼吸，这样不仅能增加氧气吸入量，还能增强肺活量和肺通气功能，降低人体耗氧量。

运气：这是一个化天地自然精气为内气的过程，此过程不仅是单纯的气体的置换，还是通过调理气机，使身体之气与脏腑各种气机进行有规律的循行，最终实现打通全身经脉(酸、麻、胀、肌肉跳等感觉），增加对胃肠的按摩作用（调整胃、肠蠕动功能）。

用气：气该怎么用呢？即用意念的导引和身体四肢的疏理来带气运动。如瑜伽、健身操、跑步、拳术等各种运动项目已不仅是动作的展示，在加入了气机的运行之后，就达到了促进肠胃消化、血液循环、体能代谢，通经排毒（体液、垃圾）、培补正气的目的。据监测，如果合乎规范的带气原地活动10分钟就能达到跑步4千米的运动效果。

“人活一口气”，通过将一天中日初、日中和日落之气吸到体内，可增加人体的阳气。道家非常注重食气功的修炼，早有“取日初出时、日中时、日入时，正立，向日展，闭气九遍，仰天吸日光而咽之九度，益精气，令人强壮不老。又以月初出时、月正中时、月入时，正立，向月展两手，闭气九遍，仰天噏月光咽之，令人阴气盛。妇人有子”的记载。不难看出，古代道家有“食气功”的养生方法，就是吞咽这个气，叫做吞日精和月精，即在太阳刚刚初升的时候一次（春夏季可在早上五六点进行，秋冬季则选在六七点钟），日中时候一次（11点至13点之间），如果是在冬季，建议进行第二步的时候，可以采取脱帽后将百会穴对着阳光，然后做深呼吸，通过这种方式，可以较好地补充督脉阳气。日落时候一次（春夏季18点至19点，秋冬季17点至18点），此时可以将后脑瓜对准夕阳吞第三口气，既可以补充肾经，又可以补充体内阳气。需要说明的是，练食气功时身体要自然站立，将两臂张开，手掌心对着阳光做深呼吸，然后把气慢慢沉到丹田，稍作停顿以后，再慢慢将气呼出，如此反复，根据体质，一般以20分钟为宜。

胎食导引：吞食津液可以延年

胎食，从字面的理解就是“胎儿”的食物，胎儿能吃什么呢？从现代科学的角度讲，是从母亲那里吸取营养，即通常所说的“一个人吃两个人用”。但从导引的角度来看，胎儿生命得以濡养的一个重要方面就是咽津。《后汉方术列传》记载称：“悉能行胎息、胎食之方。漱舌下泉咽之。不绝房室。”玉泉者，口中唾也。其中就例举了王真人，尽管年过百岁。看上去还像不到五十岁。现在的人说一个人年轻十岁就有点夸张了，而那个时候的人，却有看上去年轻了五十岁的说法，而不显夸张。而这位王真人所用的就是食玉泉、啄齿的养生方法。使人丁壮有颜色。去三虫而坚齿。

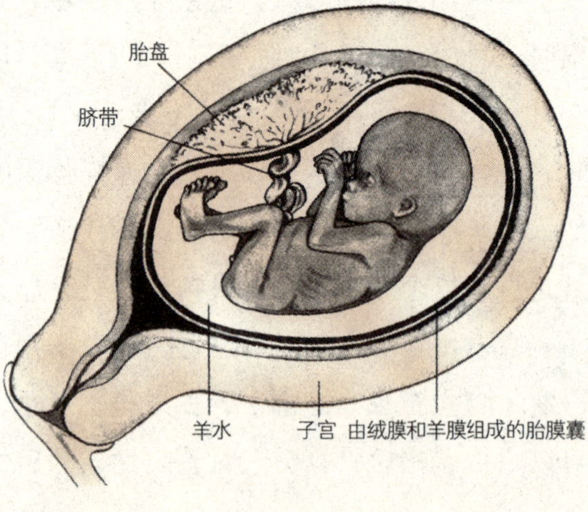

朝旦未起。早漱津令满口乃吞之。啄齿以二七遍。如此者名曰炼精。漱其舌下泉。咽之数十息之间一相继。就是胎食。道教认为模仿胎儿口津内咽。即能改善体质，健康长寿。

之所以如此，是因为津液是人体生命所需要的重要物质，是人体阴液的精华，口液更是精华中的精华，人在饥饿的时候，会不由自主地吞口水，一方面是在表达人需要进食的意愿，另一方面则是很多人容易忽略的，即通过咽口水可以满足人在紧急情况下的需要，可暂时性地替代食物。这也就是古人将津液视为人体甘露玉泉的原因。

因为肾开窍于口，肾经和脾经皆上注于舌，所以，《黄帝内经》告诉我们，有肾病、肾亏的人，就可以静心呼吸，然后用舌头搅拌舌下的唾液，并徐徐下咽，这叫做饵舌。吞下舌头下边的津液，每天数十次，就可以养肾、助消化、抗癌、增加抵抗力，自然就能长寿。关于漱口咽津在“二十四坐功祛病图”中也有所谈及，这里再就《养性延命录》中的记载，其中说得也很详细。即载“食玉家者，令人延年，除百病，津者，口中唾也。鸡鸣、平旦、日中、日晡、黄昏、夜班时、一日一夕。凡七漱玉家食之，每食辄满口咽之，延年。”

吐纳导引：闭气纳息活到天年

《山海经》里记载了一个故事，说有这样一种动物，整天不吃不喝，甚至不吸气，而能不吃东西不睡觉，这种叫人经历一天都难受的境遇，该种动物还能长生。这个养生启示是什么呢？就是身体的呼吸之法。即提到导引之术时，常常会念及的胎息功。

胎息功俗称闭气功，其本初是感叹胎儿在母亲肚子里一天天长大，此时的胎儿是不呼吸的（严格意义上说，腹中胎儿依然在呼吸，只是还不是完全意义上的肺部呼吸）。这里的“呼吸”主要是通过皮肤进行的，这一点很多人不太明白。设想一下就更加便于理解了。现在说人不能不呼吸，好像都是鼻子的功能，实际上远非如此。如果我们把一个生命体埋在土里边，但给这个生命体露着鼻子呼吸，结果很明显，这个生命体依然承受不了，这是为什么呢？鼻孔不是在呼吸吗？很显然，鼻孔开着，但他全身的气孔都闭住了，不透气，自然就会很难受。正因为是如此，所以，平常人们经常强调要勤洗澡，实际上，不仅仅是一个表面上的卫生问题，还有一个呼吸的问题。

那么，如何调动皮肤来呼吸呢？基于对上面胎儿现象的感叹和利用，古人尤其是道派人物衍生出了一种导引之术，即胎息功。一个主要的养生内容就是闭气纳息。即“常须闭其心，去其思，微其息。息以鼻，无以口，使气常有储，名之曰胎息。漱其舌下泉咽之，数十息之间一相继，名之日胎食。为两者不息，可以不饥，可以不病”。可见，胎息功实际上是在关闭口鼻之后，打开全身皮肤毛孔的呼吸方法。葛洪在他的著作《抱朴子》中就写到了这种导引功法。最初之时，一定要以一年加闭气，让气在人体内充分吸收，再徐徐呼出，以后逐渐达到把气吸进身体之后，进行闭气，不再从鼻子呼出来，然后将身体千千万万的皮肤气孔等全部打开，让意念与这个气从人体毛孔疏泄出去。

这样的方法近乎神秘，实际上是人体生命的一种回归，因为人在进化过程中，最开始同其他生物一样是水里边生的，然后两栖，再是陆生出来。自从到了陆地以后，肺扩张了，没水了，就靠肺呼吸了，所以，皮肤逐渐就退化了。而胎息功是在一定意义上找回人体本初的呼吸功能，让身体在没有氧气可供呼吸的情况下，能通过自身对于身体的调动，从而达到颐养生命的目的。换句话说，直到今天，我们的身体只是被部分利用了，还有很多的部分没有被开发，胎息功实际上是我们通过导引方式对于身体潜能的发掘。

腿部，经穴导引养生的“汇聚地”

日常生活中，多为父母、妻儿等家人，或者是闲暇的时候，也多为自己捏捏腿，不仅可以帮助你减肥，还可以帮助你排除体内的寒气，从而达到治病的功效。举例说，现代人肾虚、肾亏的不少，买名贵药材补肾的也大有人在。但大多效果不佳，这并非完全是药不好，一个主要的方面就是补的东西没有被补进去。补不进去的原因就在于有“垃圾”给堵住了。而对于腿部的保健则往往是对于这种垃圾最为有效的“清除”。

（1）飞扬穴与慢性腰痛

飞扬穴，又称厥阳，厥阴，厥扬。飞，指穴内物质为天部之气也。扬，指穴内物质扬而上行也。飞扬名意指膀胱经气血在此吸热上行，这也是此穴所以得名的原因。该穴位置在人体小腿后面，外踝后，昆仑穴直上7寸，承山穴外下方。它是治疗慢性腰痛的首选穴，此外，中医还有“腰背委中求”的说法，所以，如果和委中穴配合则效果更佳。

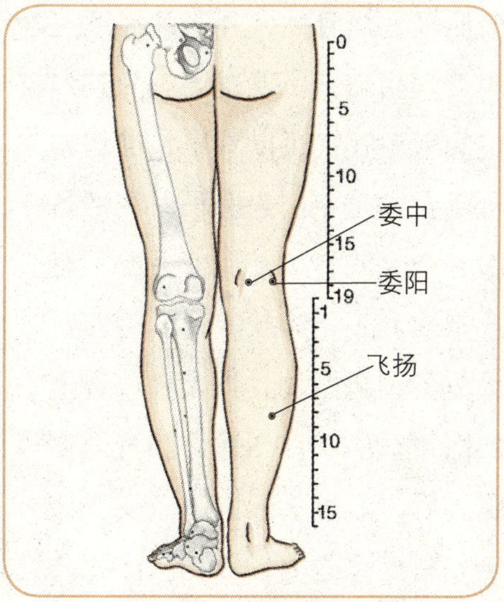

（2）委阳穴与腰胀痛

腰痛和腰胀可不是一个概念，胀实际上是水液在那里停滞不流了，瘀住了。所以，你千万不要用拔罐的方式，尤其不要误以为拔得越痛就越是找到了穴位，拔出了效果。因为胀表明的是浊气冲撞。而气需要疏导。委阳穴，委，堆积。阳，阳气。指委中穴传来的水湿之气，至本穴后因吸热而化为天部阳气，阳气在本穴呈现聚集之状，所以将此穴命名为委阳穴。其位在人体的腘横纹外侧端，当股二头肌腱的内侧。从委阳穴所在的经络来看，其是三焦经的下合穴，大家都知道，三焦经是主一身之气的，所以，揉该穴能把气给疏散，从而消除腰部的肿胀。

（3）交信穴与月经不调

交信穴，交，相交。信，月信，即月经。该穴名意指复溜穴传来的水湿之气，因其吸热扬散而质轻，而且此穴外走脾经跟三阴交穴相交，所以得名。从其名字的来源我们可以看出，交信穴可以看作是专门为女子月经准备的一个大穴，可以调理月经不至或者崩漏不止等状况，其位置在人体的小腿内侧，当太溪穴直上2寸，复溜穴前0.5寸，胫骨内侧缘的后方。配关元穴、三阴交穴治妇科疾患之月经不调；配太冲穴、血海穴、地机穴治崩漏。

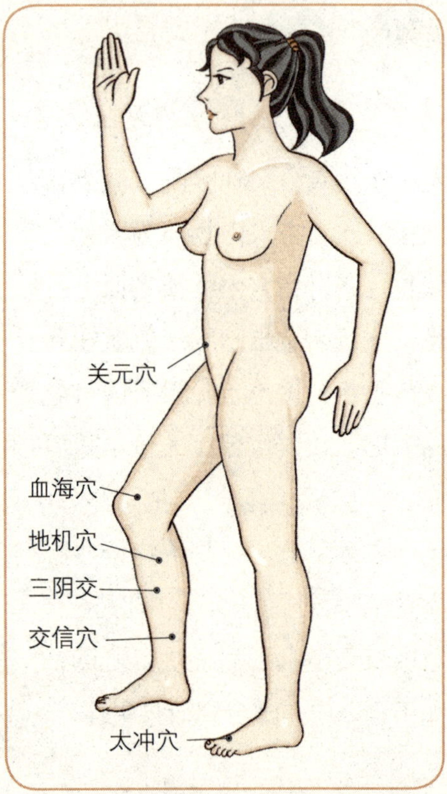

（4）阴谷穴与颈椎病

颈椎病很多人提起来就伤心，好像总也是形影不离，还给生活带来诸多的不便，这里向你推荐一个腿上的穴位，即阴谷穴，此穴为合穴，属水。阴，即指阴性水湿；谷，两山所夹空隙。该穴名意指肾经的水湿之气在此汇合，行至本穴后聚集为水湿云气，水湿之气性寒冷，所以得名。颈椎和椎体都是骨头的一部分，而“肾主骨”，所以，阴谷穴就成为了治疗颈椎病的一个不可多得的穴位。该穴位于腘窝内侧，屈膝时，当半腱肌肌腱与半膜肌肌腱之间。配照海穴、中极穴治癃闭；配大赫穴、曲骨穴、命门穴治寒疝、阳痿、早泄、月经不调、崩漏。

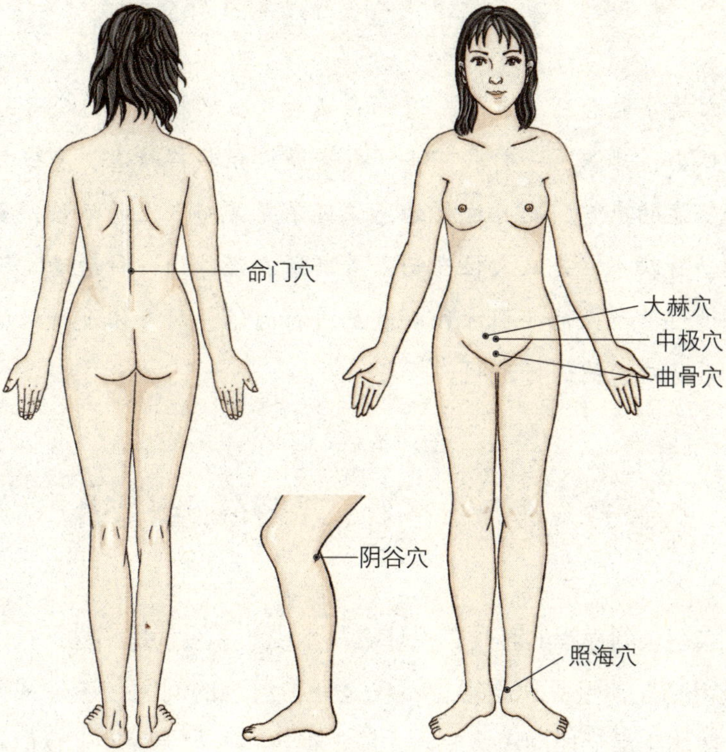

第二节

经穴导引，八大穴防治常见疾病

经穴是导引的“节点”，这一点从对穴位的按摩和针灸等就能有深刻的体会，比如，一针扎下去，或者是穴位找得精准，身体总会有酸胀等明显的感觉，而且这样的感觉还不是某一点上的体验，呈现出一种运动的状态，是从穴位开始沿着其所在经脉的一种运动。那么，到底通过哪些经穴的导引才能对疾患进行防治，对身体进行保健呢？这里以常见病为例进行说明。

迎香穴：治疗鼻塞让你“吃得香”

有人在谈到幸福的时候，说什么是幸福？幸福就是“吃得香，睡得着，迈得稳”，可见，吃得香不仅是一个温饱的问题，还是一个有关幸福指数的生活品质问题，怎么才能吃得香呢？很大程度上我们都认为与这个食物本身的味道有关系。实际上，这还与我们身体的状况有关，一个重要的关隘就是迎香穴，如果迎香穴不“迎香”，什么美食到它这里它都不予理睬，那么，要吃得香就是一句空话了。

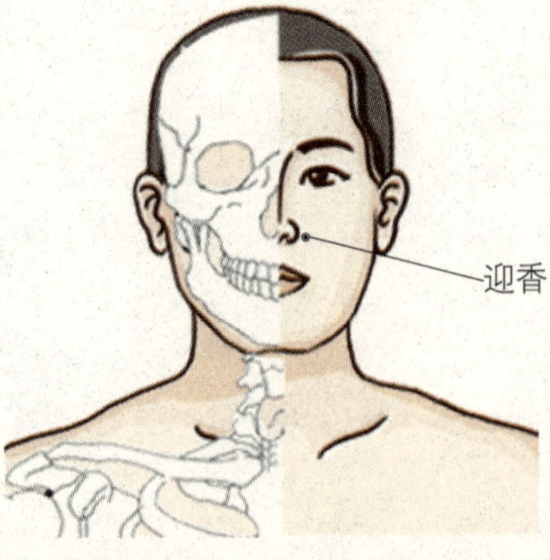

当然，鼻子也难免跟你要点小脾气，鼻炎、鼻塞就是如此。出现这样的情况该怎么办呢？给

其施压，当然，施压也要找对地方，迎香穴是鼻塞的特效药，迎，迎受也；香，脾胃五谷之气。该穴名意指本穴接受胃经供给的气血。为什么迎香穴能“迎香”呢？因为大肠经与胃经同为阳明经，气血物质所处的天部层次相近，迎香与胃经相邻，所处又为低位，清气上升，浊气下沉，因而胃经浊气下传到此穴而得名。迎香穴的位置是在人体的面部，在鼻翼旁开约1厘米皱纹中（在鼻翼外缘中点旁，当鼻唇沟中）。当遇到感冒的时候，对其按摩两分钟大多可以缓解。远亲不如近邻，如果配合印堂穴（位于前额部，当两眉头间连线与前正中线之交点处），往往能消除鼻塞。

与其他经脉一样，大肠经也有自己当班的时候，所以要找大肠经办事，最好就是在它当班的时候，其对应的是卯时，所以，在早上的5点到7点的时候按摩大肠经最好。

承山穴：治疗抽筋让你“走得快”

小腿抽筋是很多人都体验过的，好像是腿的上下两端在拔河一样，不仅是痛甚至还有人担心在抽筋的时候会把筋给扯断了，那人就残废了。从医学的角度来看，后者的担心实属多余，但这并非说抽筋的问题可以置之不理。民间有一种治疗抽筋的办法就是，在腿抽筋的时候站起来，很多时候能迅速减轻疼痛，但在这毕竟还是痛，下面将承山穴介绍给你，以在预防中将抽筋之痛置之体外。承山穴，其位置在小腿后面正

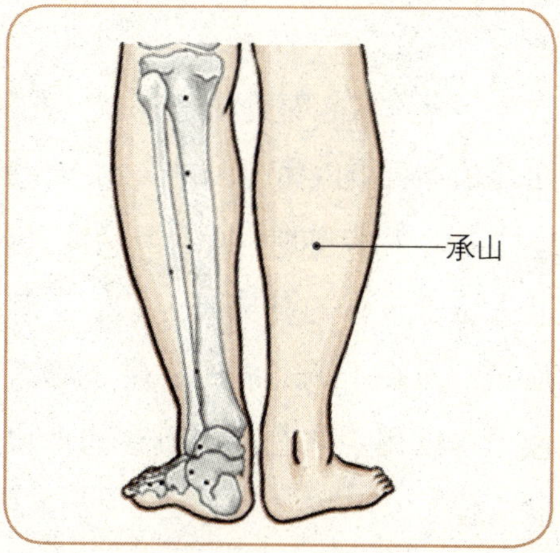

中，委中穴与昆仑穴之间，当伸直小腿和足跟上提时腓肠肌肌腹下出现凹陷处的地方即是。除了对便秘有一定的作用外，承山穴主要是治疗痔疮和缓解肌肉疲劳以及腰痛等，所以，以后在爬山的时候，在腿抽筋的时候，你就可以小试牛刀了。

次髎穴：治疗痛经女性“月月舒”

痛经是很多女性心中一种挥之不去的事情，每月都要痛一次，而且往往持续的时间还不短，所以，解决痛经问题是很多女性朋友的期待，当你跟我们一起进行的健康之旅走到了膀胱经的时候，可以说你的痛经也就走到了尽头，为什么？次髎穴是治疗痛经的特效药。

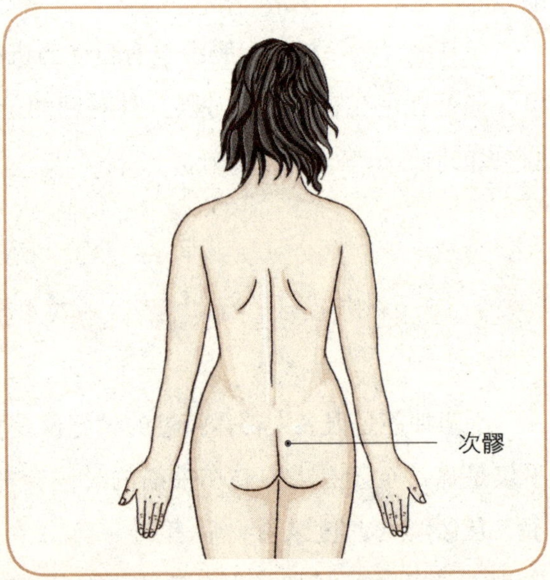

次，与上髎穴相对为次也；髎，孔隙也。该穴名意指膀胱经的地部经水由此从体表流入体内。本穴物质为膀胱经上部经脉下行的地部水液，至本穴后，由本穴的地部孔隙从地之天部流入地之地部，并由此得名。次髎穴位于人体的骶部，当髂后上棘内下方，适对第二骶后孔处。对于疝气、月经不调、痛经、带下等有很好的疗效。在实际运用此穴的时候，可以用手掌在此穴所在的部位进行来回的摩擦，直到热感透过皮肤为佳。

睛明穴：治疗近视借您"慧眼"

知识经济的今天，再也没有戴眼镜装知识分子的人了，但戴眼镜的人却在与日俱增，图书、网络、电视、游戏机等渐渐成为了人们生活的重要组成部分，近视也就肆无忌惮地蔓延开来，兵来将挡水来土掩，睛明穴就是这里的"土"与"将"。

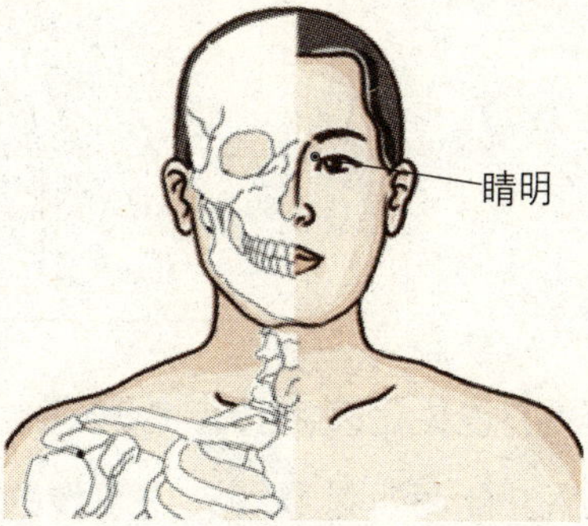

睛明穴，又叫泪孔穴、泪空穴、泪腔穴，睛，指穴所在部位及穴内气血的主要作用对象为眼睛。明，光明之意。"睛明"之意即指眼睛接受膀胱经的气血而变得光明。本穴位于面部，目内眦角稍上方凹陷处，是太阳膀胱经的第一穴，膀胱经之血由本穴提供给眼睛，眼睛受血而能视，变得明亮清澈，所以称之为"睛明穴"。对于经常用眼的人士来讲，只要简单的按摩一两分钟，就可以明显地缓解眼部疲劳，如果配球后穴、光明穴还可以治目视不明。

大陵穴：治疗口臭净化"口腔"

大陵穴，陵，丘陵也、土堆也。该穴名意指随心包经经水冲刷下行的脾土物质在此堆积。本穴物质为内关穴下传的经水与脾土的混合物，至本穴后，脾土物质堆积如山，如丘陵一般，并因此而得名。从位置上看，此穴位于人体的腕掌横纹的中点处，当掌长肌腱与桡侧腕屈肌腱之间。火生土，而心包属火，而有的人之所以有口臭的出现，就是因为心包经积热太长，灼伤了血络，当然，也有的是由于脾虚湿浊所引起的。所以，此穴有防治口臭之功。不仅如此，配劳宫穴还可治心绞痛、失眠；配外关穴、支沟穴还可治腹痛、便秘。

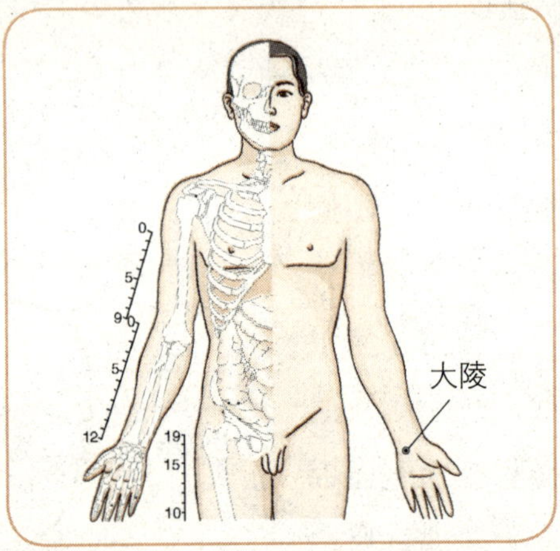

心包经是晚上19点到21点当班，所以，对于心包经最好在此时进行使用。此间也是很多人用晚餐的时间，因此，注意不要在饭后立即去按揉，约过半小时后较为合适。

支沟穴：治疗耳鸣防治“耳聋”

黄帝内经云：“精脱者，耳聋。”精脱，代表体内的精华亏损了很多，可见耳聋病是很严重的。支沟穴在前臂背侧，当阳池与肘尖的连线上，腕背横纹上3寸，尺骨与桡骨之间。耳聋、耳鸣，本身是一个较为复杂的病。大量的临床发现，耳聋、耳鸣主要发生在三焦经以及肾经的异常上，几乎可以说耳朵有问题的人，三焦经都是有问题的。

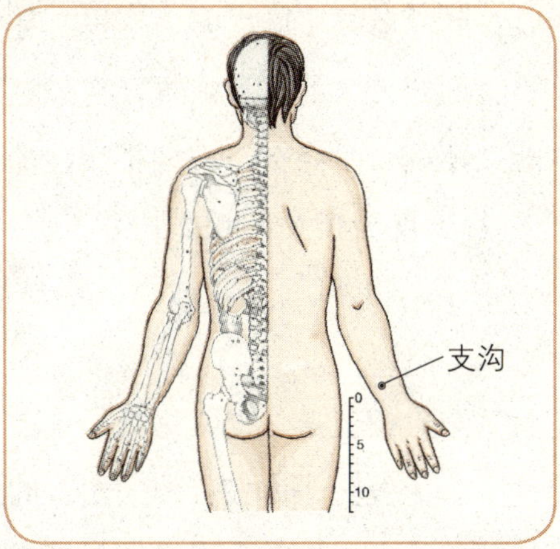

支沟穴，支，树枝的分叉也;沟，沟渠也。该穴名意指三焦经气血在此吸热扩散。本穴物质为外关穴传来的阳热之气，水湿较少，至本穴后又因进一步的吸热而胀散为高压之气，此气按其自身的阳热特性循三焦经经脉渠道向上、向外而行，扩散之气亦如树之分叉，所以得其名。该穴位于人体的前臂背侧，当阳池穴与肘尖的连线上，腕背横纹上3寸，尺骨与桡骨之间。

太冲穴：治疗失眠让你“睡得香”

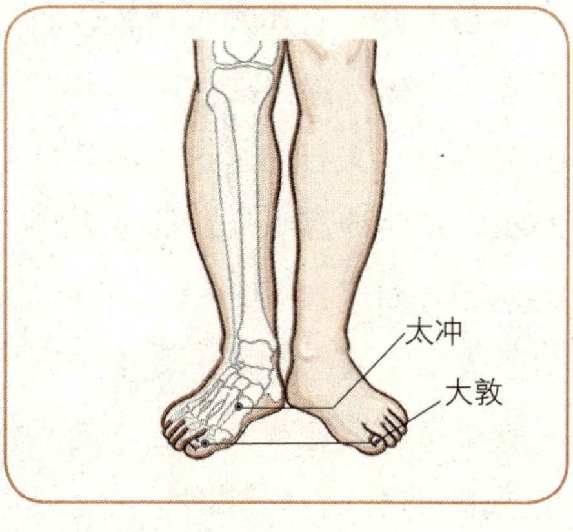

太冲穴，太，大的意思；冲，具有喷射之意。这里的意思是指肝经的水湿风气在此向上冲行。其位置在足背侧，当第一跖骨间隙的后方凹陷处。为什么，此穴能够解决你睡觉的问题呢？这还得从肝说起，《黄帝内经》说心主神，肝主魂，心肝不交，就是魂不守神，所以，此时就要平肝潜阳，这里，建议你别冷落了太冲穴，因为此穴可以将行间穴传来的水湿风气，在经过受热而胀散化为急风冲散穴外，所以能“还魂”于心神，心神相交，那么你就可以睡上一个安稳觉了。此外，若出现《黄帝内经》所说的“怒伤肝”的情况，你也可以将此穴当作你的“出气筒”，适当按压按压就可以平息那些“火气”。

此外，安神还有一个穴位值得一提，这就是大敦穴，该穴被称为是没有味道的“镇静剂”。大敦穴，大敦，即大树敦的意思，这里指的是此穴内气血的生发特性就像大树敦在春天生发新枝样。此穴的位置是在人体的足部，位于足大指末节外侧，距趾甲角0.1寸。此穴可调理人体过度紧张和焦躁的情绪，具有恢复神智之功效。

最后要提一点的是，此经的当班时间正是人体休息的时候，所以，不可能对该经在本时段去关注和对其进行抚触的按摩，但可在同名经手厥阴心包经的时候代行此经的保健，效果甚佳。

肩井穴：治疗牙痛常开“笑口”

看上去风马牛不相及，肩井穴怎么管起牙疼来了，这还得从肩井穴的得名来看。肩井穴，肩，说明了穴的大体位置是在肩部；井，本为地面上的孔隙。这里的意思是指胆经的地部水液由此流入地之地部。如何来取穴呢？肩井穴位于人体的肩上，前直乳中，当大椎与肩峰端连线的中点，乳头正上方与肩线交接处即是。“牙

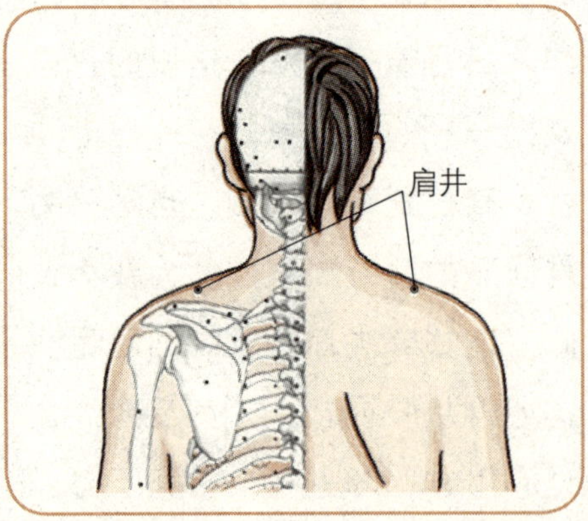

痛不是病，疼起来要人命”，在牙疼的时候，不要病急乱投医，盲目听信游医，建议你可以按压肩井穴。当然，从肩井穴的名字分析，如果你的肩部不舒服自然也在它的管辖范围，甚至邻近的颈部疼痛，它也不会“袖手旁观”。

最后要说明的一点是，对于经穴的利用，一方面要遵循“宁失穴但不失经”的原则，再就是不要长期对经穴的利用存在偏好，就犹如是“偏食”一样，这不仅不符合《易经》的整体观，同时也不利于导引的通达，再就是利用穴位的时候要注意其中的对称性，以防止“一半清醒一半沉醉”的现象出现。

第七章

《易经》仿生原理与动静养生

养生，动植物可以成为人们学习的对象。比如除了人类之外，几乎所有的哺乳动物及爬行动物都用四肢行走，这使得他们脊柱和腹的运动强度很大，还可以同时进行腰腹运动。再比如《山海经》中说烛龙不食，却可以长寿，由此，人们知道辟谷可以养生；从动物冬眠等属性中，人们提炼出了“节能养生”。此外，动可以仿华佗的五禽戏，静可以仿动物的呼吸，仿植物之向阳……于此种种，人类博采众长，生命得以健康与长寿。

第一节

活到天年，动植物的养生之道

物竞天择，优胜劣汰。天下物种繁多，但大多属于大浪淘沙后进化而来的。也因此造就了动物各自生存的技能和独特的生存方法。探寻《易经》中的仿生原理，学习动物的养生技巧，不仅可以少一分病痛，还可以延年益寿。

养生绝学七：动静养生相得益彰

所谓的仿生养生，就是仿照各种动物的养生方法。人类之所以成为了万物之灵长，一个重要的原因，就在于向大自然学习，这也是“道法自然”的重要内容。事实上，早在数千年前，被称为是“群经之首”的《易经》的形成就跟动物给人的启示有着密切的联系。换句话说，圣人在创作《易经》之初，就借鉴和吸收了动物的智慧。正是如此，所以，在《易经》中也贯穿了有“观鸟兽之文与地之宜”的思想。

大自然为人类不仅提供了生存的空间,而且也为人类开启了健康长寿之门。从物种演化的角度来看，很多动物和植物经过了数万年甚至数十亿年的进化，在某些方面有了“超人类能力”的优势。通过学习鱼类游泳的本领，人类领会了船舶设计的改进方向；从鸟类翱翔的启示中，人类获得启发发明并改进了飞机。

从养生的角度来看，动物的生活条件比人类要差了许多，但动物却能长寿，而且远没有今天有些宣传所鼓噪的“需要补充维生素”等说法，没有那些需要补铁、补锌等问题。今天的人类饮食结构严重失衡，不仅需要教育，而且还很难得以扶正。但来自动物学家的研究显示，体格强壮的黑猩猩每天的“菜样”平均就近20种，最多的时候，一天的饮食品类就到了30种之上，如坚果等果类食品，如小昆虫、白蚁等小点心，还有荤菜如小型的哺乳动物，自然还少不了那些植物的根、叶等素菜食品，这样的“营养”搭配，完全和现在专家呼吁的营养均衡相一致。此外，动物的冬眠就属于是典型的“静养生”，而植物向日葵的生长总“向阳”的这一特性等，都为人类提供了很多的养生启示。

对于仿生养生而言，并非是今天养生的一种新主张。据载，在战国时期《庄子·刻意》中就有了模仿动物养生之术，其记载说：“吹嘘呼吸，吐故纳新，熊经鸟伸，为寿而已矣。此道引之士，养形之人，彭祖寿考之所好也。”不难看出，人类在探究、模仿的过程中,通过从单纯的拟形取意无意识健身行为发展到有意识注重形神统一的导引养生行为的过程，自身获得了长足的发展，仿生养生也由此成为重要的一种养生方式。

太极拳：刚柔相济的养生运动

太极拳爱好者都清楚，在练拳的时候，有一句话是老师傅说得最多的，即“用意不用力”，这里的“意”指的就是意念，包含有感觉和想像，跟前面提到的意想导引是一个道理。而这里的“力”则更多指的是外在的一种运动。可见，太极运动本身就是一个动静结合的养生之理，事实上，这一点在《太极拳论》中说得很清楚。其曰：“太极者，无极而生，动静之机，阴阳之母，动之则分(开)，静之则合。”

很多人不理解，明明在哪里有板有眼地“比划”，怎么就跟动静养生扯上关系了呢？对此，几千年的《易经》已经有过辩证的说明，认为宇宙天体无不运动，但又在运动中存在相对的静止，即“动中有静”、“静中有动”。太极拳的静，实际上就是身体的静。身体怎么会静呢？

不是心脏一直在跳动吗？是的，心脏在跳动，但心率一直是平稳的，即每分钟心率次数都是相同的，不波动变化，所以是之为“静”。所以，打太极拳的时候，一定要求心要静、神要安，而且外在也要很好地配合起来，即呼吸要自然，身体要放松，不想事，不说话，呼吸自然，一心想着打拳，不想其他事情等，都是静的要素。而远非其他场合那种“眼见为实”的“肢体不动”。

所以，很多人不明白这样的动静之理，不明白为什么同样是打太极拳，几年下来，有的病人健康了，而还有一些健康人却生病了。缘何？就是很多人在打太极拳的时候，总是边打边说话，甚至还想着房贷车贷的问题，想着股票的涨跌问题，这样下来，看来是在那里比划，但身体内在的气血运行没能如常，这样一来就不是动静的结合了，而是内外一起动，其标志就是外动和内在气机的运动不能相协调。所以，说句警醒的话：不掌握动静原理，几十年辛苦打太极，不打出一身病才怪！

太极的动静结合还体现在“发力”上，跟一般的运动不一样，太极运动并非是用肌肉的力量去彰显自身的刚劲，而是由腰脊内部动起，缓慢均匀，节节贯穿，达到“意动形随”境地的“发力”，这一点在电影《太极张三丰》中就有一个经典的揭秘，张三丰在跟他曾经的师弟对决的时候，说了一句“你心浮气躁，怎么能赢”。可见，功夫的彰显是一种“意动”的结果，而不是简单的“手脚功夫”。就具体拳法来看，“静中有动，动中有静”，动静互有平衡统一。这就是太极拳的规律，存在于打拳全过程。由开或合组成的动作，叫“定势”。由开组成的“定势”，则“开中有合”，“实中有虚”；由合组成的“定势”则“合中有开”，“虚中有实”。

举例说，上肢由内向外弧形展伸，意达指尖，是开，如组成野马分鬃、白鹤亮翅等开势动作。由指掌末梢向内弧形收缩，回到腰脊内部，是合，如组成手挥琵琶、捋、挤等合势动作。四肢线路，就是面向八方的开合。用上肢开合使形气兼得，则事半功倍，是上乘方法。下肢的进步、退步、侧步、分脚、踢脚、扬脚是开，收脚、跟步、虚步、落脚是合。有时虚实转换，就是开合。懂得了开合之理后，还要掌握双脚的方向、角度、宽长距离。前脚是方向，后脚与前脚约成35度角。宽与肩同，步幅长短，视架子高低而定，架子高则步幅短，架子低则步幅长，即抬腿落下，舒直的同时着地，就是合适的步幅，开步皆如此。所以，真正练习太极拳的练家，没有一个是上来就打拳的，都是先调理内外气息，让身体的内与外形成和谐与统一，进而学懂动静，学会“用意”，学会开合，掌握规律动开合之理后，才进入套路的练习。

修身养性：神安形全自得其乐

动与静的相对性就犹如是《易经》阴阳中的盛衰变化一样，是相对的，所以，动静的表现也并非是一个绝对的概念。比如，在睡眠养生中，外在相对处于“静”态，而内在却处于一种有条不紊运动的“动态”之中。再比如，太极拳是一种运动，但在练拳的过程中，讲究静心守神，所以，又是动与静的一种结合，而从形与神的角度来讲，形不用力即使动也是静，意不相守，用意就是动。

动与静的一种结合，而从形与神的角度来讲，形不用力即使动也是静，意不相守，用意就是动。

关于动静养生之理，道家论述甚多。早在数千年前，老子就说：“重为轻根，静为躁君”。躁，动也；君，主宰。“静为躁君”是说静为动的主宰和根本。静何以构成动之主宰和根本呢?老子论证说：“虚而不屈，动而愈出”。天地如同一个大风箱，虚静方不致枯竭，动则反是。《心术》也指出：“天之道虚，地之道静。虚则不屈，静则不变，不变则无过，故曰‘不忒’。”这里的意思很明确，即虚静乃天地自然之道，虚就没有曲折，静就没有变化，没有曲折变化，方不致产生失误过错。

关于身心关系与修身养生，老子一方面主张“贵身”，一方面主张“无身”。其实结合动与静的养生来看也十分明确。动即上面说的内心之躁，其现实的养生意义就在于，很多人都追求名利，而为其不择手段，结果很多人都是身败名裂，就拿身居要职的受贿来说，钱收下来存到银行，结果东窗事发，账户冻结，上交国库，钱兜一圈回到了国家，而那些曾经风光一时的人“进去了”（监狱），接受的是法律的严惩。而那些内心淡定、从容的人，却在“平平淡淡才是真”中获得一份难得的宁静和家的和谐。前者自然身心备受煎熬而命短，后者必然是心胸豁达、坦荡而寿长。动静养生的大道之理，由此可见一斑。事实上，老子说“吾所以有大患者，为吾有身；及吾无身，吾有何患”，也是从更高层面说明了动与静的养生之理。

外在的养身与内在的修身，实际上是动静养生的一个“大道”式的论及，对此，庄子从论述生命来源的角度，说明了动与静之间的关系，其说：“(身)是天地之委形也；生非汝有，是天地之委和也；性命非汝有，是天地之委顺也；子孙非汝有，是天地之委蜕也”。意思是说，一个人的形体、生命、性命乃至精神不是凭空产生的，它乃是天地赋予的，是由天地之气的和合运动演变而来的。那么，庄子是如何养生以扩展生命呢?

庄子说：“执道者德全，德全者形全，形全者神全。神全者，圣人之道也”。从这里可以看出，在庄子看来，养生的一个重要方面就在修身养德，他认为一个人只有“执道”才能德行完备，也只有德行完备之后才能使自已的形体健全，自然，形体健全了就会神采飞扬，这就是尽管有的人高寿耄耋之年，依然是精神矍铄的一个主要的原因。

而如今，很多人将二者分离，即把“形全”和“神全”二者剥离开来，一味追求吃吃喝喝的口福之乐，仅仅是养了身体，而忽视了内在的修炼，外为动，就动静的养生而言，就是重视了动的养生，而忽视了静养生。对此，庄子不仅重视，而且有了明确的说明，他认为须抱持这样一种处事态度和原则：不是出于他的意志的不去求，不是出于他的心愿的不去做；即使举世都称誉他，只要合于他的心意，便傲然不顾；即使天下都非议他，只要不合他的心意，便漠然不受；世上的毁誉对他不起作用，“无益损焉”。这是强调排除一切外在因素的干扰，专注于主体自身的修养。

第二节
动养生：五禽戏仿生养生智慧

五禽戏，五是指数量，即5种动物；禽，指禽兽；戏，“戏”在古代是指歌舞杂技之类的活动，在此指特殊的运动方式。因此，所谓的“五禽戏”就是指以模仿5种动物动作和神态为主要内容的组合动功，包括鸟戏、熊戏、虎戏、鹿戏、猿戏。据载是汉末三国时期的著名医家华佗，在结合熊的沉稳走爬与鸟的展翅飞翔基础上，加入了虎的勇猛扑动、鹿的伸展头颈、猿的机敏等动作，通过模仿这些禽兽的形态，从而创造出流传至今的“五禽戏”。

鹤主肺，仿鹤戏改善气管炎等病

【释名】鹤戏，为五禽戏之一鸟戏的代表。是一种模仿鹤鸟动作的养生功法。《云笈七签·导引按摩》中记载说：“鸟戏者，双立手，翘一足，伸两臂，扬眉鼓力，右二七。坐伸脚，手挽足距各七，伸缩二臂各七也。”此外，马王堆出土帛画《导引图》之“鹤口”、“鹞”图以及《庄子》、《抱朴子内篇》等所记鸟伸、鸟举、鸱顾、鸱视、燕飞等均为类似功法。

【功法】仙鹤给人的感觉是一种秀颀和带有那么点鹤立鸡群的高贵和端庄，因此，练习鹤戏的时候，要保持一种脱俗的高贵内在气质。预备的时候，两手手心向上舒缓而起，平脐，稍停后上起至胸口，同时缓缓地气沉丹田，意想皮肤开始呼吸，人体浸泡在空气中，欲成风飞去之态。在两手渐渐回沉的时候，腹部随外向呼气而逐渐紧缩。鹤戏的两个基本的动作就是展翅和鹤飞。具体如下：

鹤主肺，如平飞鹤，展翅高翔之时，五脏六腑都随之而动；此时，气息吐纳要配合，即在起来的时候吸气，下沉的时候气沉丹田，呼出浊气，自然能帮助增强肺的吐纳功能。

（1）鹤翅式

主要的动作在于气与形，形到气到。鹤翅如何塑形呢？塑形重在手。除了中指和无名指向下外，其余三指上翘。然后如仙鹤引颈拔立，跃跃欲飞。做鸟伸动作的时候，要注意耸肩缩颈，手臂在由水平下沉的时候伸右腿，两手叠置腹前，结合腹式呼吸徐徐上举至头顶前上方，屏息稍停，然后身体前倾，两手回按至腹前，再向后呈“人”字形分开后伸，两膝伸直保持身体稳定。

展翅的方式不一样，动作的要领也会略有区别。比如说，采用屈腿展翅式的时候，两脚心悬起，脚尖点地，两腿弯曲如弓状，两膝向前，臀部下坐至半蹲半坐为正，头似向上顶，腰与脊椎挺直，丹田吸气，练此势时以慢为妙。然后，两手臂徐徐垂下，手与脐平，同时臀腰往上提劲，两脚渐渐由曲而直，两脚复回，同时将气呼出丹田充实，反复进行。

（2）鹤飞式

取提腿独立，起势时两手在腹前相合侧平举，高度以略比肩高为宜，在下落的过程中，掌心相对。为了畅通气血的运行，上举与下落动作切忌不可含混，上举的时候，需先沉肩再起肘最后提腕，下落时先松肩再沉肘按掌。需要特别说明的是，在练习鹤飞之时，一定要保持身体的整体平衡，使上下肢协调配合，鹤戏结束，两手侧前上提内合下按，做一次调息。

为了防止练习过程中，鹤戏的动作模仿得太过生硬，可以多在手臂上下功夫。如两臂上举时吸气，上达百会穴，沉肩、松肘、提腕之时提胸收腹；下落时呼气，松肩、腰、腹，气沉丹田，再沉肘，最后按掌合于腹前。

【功效】鹤主肺，如平飞鹤，展翅高翔之时，五脏六腑都随之而动；轻盈着陆之时，脏腑也都张弛开合有度。就脏腑而言，在采用鹤戏的过程中，其动作一飞一沉，一起一落，此时，气息吐纳要配合，即在起来的时候吸气，下沉的时候气沉丹田，呼出浊气，自然能帮助增强肺的吐纳功能。从而改善慢性支气管炎、肺气肿等病的症状。此外，仿鹤戏还可以帮助调节内分泌，调整身体平衡，增加骨质密度，从而防治膝关节疼痛、骨质增生等症。练习之中，如果能仿鹤的眼神、目光环视则效果尤佳。

熊主脾，仿熊戏防治胃痛等病

【释名】熊戏，为五禽戏之一，是模仿熊的动作的一种养生功法。《庄子》中有“熊经鸟伸”的记载，长沙马王堆汉墓出土的帛画《导引图》中也绘有类似的养生图。《云笈七签·导引按摩》中则记载说：“熊戏者，正仰，以两手抱膝下，举头，左僻地七，右亦七，蹲地，以手左右托地。”从表面看，熊给人的感觉是，笨拙憨厚，同时也表明熊的稳健和健壮。

【功法】熊戏，最为基础的就是做好“熊掌”，即手形。具体说来，先将手指弯曲，大拇指压在食指、中指的第二指节上，虎口撑圆，可插一手指头为宜。熊戏由立熊式和晃熊式两个基本练习动作组成。其基本要领如下：

熊属土，主脾胃，通过练摇臂熊，晃臂熊，能对胃酸、胃痛、胃溃疡、十二指肠溃疡等起到良好的治疗作用。

（1）立熊式

人们常说虎背熊腰，自简单的“热身”之后，腰部被激活，这个时候可以开始立熊运动。所谓立熊式，就是要像立起来的熊一样的态势。具体做法是，先将两手手心向下，提气胀腹，随之自前方上举过肩，随丹田绵绵之气下沉，随两手上起时五指和两脚一并分开，腰挺直，臀下坐，两膝前曲，头向上顶，似熊立起来的形象。同时，意守下丹田，使气充足，便于发动。

此练习尽管动作幅度不大，但非常强调脏腑的内动，练习的时候，臀部固定，手臂和头颈随着躯干的运动而运转，躯干以肚脐为中心，先逆、后顺时针做立圆旋转。另外,躯干向两侧旋转时不要向后转腰，要保持胸口始终朝向正前方。

（2）晃熊式

依原式正身两脚不动，上体前俯，随身体顺时针和逆时针画弧。各五圈之后，然后向下按压，左手先顺身动而向下按，逐渐上升之后，右手连接下按，同时身腰随左右手之起落，而前后左右摇摆。

做“熊晃”练习的时候，提髋是一个难度，为了避免动作生硬或太过松懈，在练习过程中，一定要注意腰侧肌群收缩，拉动髋部上提，继而带动整条腿收缩上提，与之相对应，在松的时候，以侧肌群为度，接着带动整条腿放松，膝关节自然弯曲。

除了此两个基本的动作之外，还可以模仿熊异常状态下的情况，比如，熊向人索取食物的状态和熊在可能遭到侵犯时候的状态，二者相同的是，在练习的时候两脚不动，身随腰动，二者不同的是在索取物件的时候，少了抗击来犯的内气。比如，索取物件的时候，腰身向右拧时，自左向右移动，如画半圆形，臀下坐即可。而后者随腰身右拧时，两手手心向右，同时向外用劲拍出。继则两手随身腰向左拧转，变为右手在上左手在下，反掌用推劲拍出。其中有一个明确的抗击力度在其中。

【功效】熊属土，主脾胃，通过练摇臂熊，晃臂熊，能对胃酸、胃痛、胃溃疡、十二指肠溃疡等起到良好的治疗作用。

虎主肾，仿虎戏防腰肌劳损等病

【释名】虎戏，五禽戏之一，是模仿虎的动作而成的一种养生功法。《云笈七签·导引按摩》中记载说：“虎戏者，四肢距地，前三掷，却二掷，长引腰，乍起，仰天，即返距行，前却各七过也”。

【功法】俗话说“虎虎生风”，所以，“虎戏”要体现虎的威猛，有一种森林之王的威风，需要有内神的配合，一定防止那种“病猫”一样的疲惫。“虎戏”要体现出虎的充沛劲力和动作意识。首先虎威生于虎爪，伸缩有力，所以，练习虎戏的时候，手上的动作一定要有力度，手掌贯注劲力，双手上举擎天，彰显一种神功盖世的凌人之势。不仅是动作上，就是眼神也要力求有虎视眈眈的感觉。通过发力、气韵、眼神及个人的意念等综合表现出来。总起来时候，动作变化要做到刚中有柔、柔中生刚、外刚内柔、刚柔相济，具有动如雷霆无阻挡、静如泰山不可摇的气势。

虎走阴属肾，行膀胱属阳，阴阳平衡防治疾病，中医认为，腰为肾之府，所以，练习虎功，还可以帮助增强腰部肌肉力量，防治腰肌劳损。

（1）虎举式

虎举式，俗称撑天。欲扬先抑，两手张开手指掌心朝下，力发指端，然后如弯曲钢丝一样由小指起依次曲指握拳，调匀呼吸吐纳，徐徐向上提起，弯于胸平时拳慢慢松开变掌，缓缓上举再类似前面曲指握拳下拉至胸前，再仿前变掌下按。注意运行的路线基本上保持在同一垂直线上。握拳由下向上至肩前时，松开变掌，举至头顶，掌指充分展开上撑；再握拳下落至肩前时，松开变掌，按至腹前，掌指充分展开下按。

（2）虎扑式

老虎扑猎物，有一个基本的动作，就是上体前探，虎爪下按。所以在仿生练习过程中，先两手经体侧上提、前伸，然后仿照虎扑的方式下按至膝部两侧上提下扑，需要注意的是，在上提时膝部先前顶再髋部前送身体后仰，整体动作要连贯流畅，一气呵成。从速度和力度的结合上看，有一个由慢到快、由柔转刚的劲道在其中。需要特别注意的是，练习过程中，一定要防止拱腰屈膝，注意动作的舒展，再就是虚步下扑时要配合快速深呼气，气由丹田发出，以气催力，力达指尖，表现出虎的威猛。

梁代陶弘景在《养性延命录》中记载了华佗所传的五禽戏，其中描述“虎戏者，四肢距地，前三掷，却二掷，长引腰，乍脚，仰天，即返距行，前却各七过也。”其中，最为至关重要的就是“长引腰”，从动物世界老虎的奔跑中也能清晰感受到这一点，这是老虎追捕猎物的标准动作，也是练习的一个难点。怎么做好“长引腰”呢？“长引腰”实际上就是引长腰肢的意思，具体要求是两臂前伸与肩平，抬头往前看，塌腰挺胸，躯干保持与地面水平，臀部后引，在头和臀之间把身体尽量拉长。

【功效】虎走阴属肾，行膀胱属阳，阴阳平衡防治疾病，练虎的时候，瞪起眼睛来加强肾脏的锻炼。增强握力，改善上肢远端关节的血液循环。此外，中医认为，腰为肾之府，所以，练习虎功，还可以帮助增强腰部肌肉力量，防治腰肌劳损。

鹿主肝，仿鹿戏补益气血不足等病

【释名】鹿戏，五禽戏之一，是模仿鹿的动作而成的养生功法。

《云笈七签·导引按摩》中记载说："鹿戏者，四肢距地，引项反顾，左三右二。左右伸脚，伸缩亦三亦二也"。

【功法】鹿大多生活在森林中，以树芽和树叶为食。所以，值得人仿生练习的基本动作是伸展头颈。那么手形该做如何调理呢？一般在练习鹿戏的时候，手部动作可仿鹿角，即中指、无名指弯曲，其余三指伸直张开。再就是练习过程中，所有的动作以轻盈闲适、自由奔放为基本的内在神韵。

鹿主肝，练习鹿戏对于肝肾虚弱及气血不足有很好的辅助疗治的效果。

(1)鹿抵式

握空拳，两臂向右侧摆起，为了加大腰部的转动力度，有利于转体后望，上边手臂要超过下边手臂的长度。练习鹿抵的时候，以腰部转动来带动上下肢成纵轴旋转。前脚向外展斜45度方向伸出，膝盖方向与脚尖一致，大腿水平；后腿蹬直，全脚掌着地，形成"前弓后蹬"。转动过程中，有两个要领是容易被忽略的。其一是动作方面，与肩等高时拳要变"鹿角形"；其二是在身体保持正直基础上转头注视后下方，切不可前探身体。

（2）鹿奔式

仿鹿戏中的“鹿奔”，其实是一种换步动作上的养生学习。其主要需要掌握的是换掌、发力，在体现一种轻盈、敏捷的神韵的同时，追求一种心与身的养练。以左脚换右脚为例，具体动作要领是：左脚提起置于右腿小腿处，全身重量压于右腿，接着左脚缓缓落下，脚尖着地以后，依次过渡到全脚掌，并用力下踩，同时右脚从脚后跟到脚前掌依次抬起，直至离开地面。

需要注意的是，先给脚压力，以便能像弹簧被压紧一样，然后再把这种压力缓缓释放出来，以达到轻盈的神韵，再就是对于重心移动的控制。两手握空拳，向前画弧最后曲腕，重心后移时手变鹿角，内旋前伸手背相对，还要含胸低头，使肩背部形成横弓，腰背部形成竖弓，重心前移成弓步，两手下落换右势，收左脚，脚底着地时右脚跟提起向前迈步，重心后坐再前移。练鹿戏姿势不多，主要在于配合体内之运气。习练者通过仿效鹿的动作神韵，展现鹿在草原上的神态安详，轻盈舒展，自由快活的活动，以达到振奋精神、强身健体、预防衰老之目的。

【功效】鹿主肝，肝脏有毛病，它很起作用。鹿的眼睛，它的目光是斜视，斜视就像偷着看人，而斜视作用于肝脏，叫疏通肝气，调理肺气。强腰补肾，对于肝肾虚弱及气血不足有很好的辅助治疗的效果。

猿属火，仿猿戏改善心脏功能

【释名】猿戏，五禽戏之一。是模仿猿猴动物动作的一种养生功法。马王堆汉墓出土帛画《导引图》有“木侯”（沐猴）及“管墟”（猿呼）图样。《云笈七签·导引按摩》中也记载说：“猿戏者，攀物自悬，伸缩身体，上下一七。以脚拘物自悬，左右七。于钩却立，按颈，各七”。

【功法】猿猴生性活泼，一个重要的特点就是利用四肢及配合身体动作体现一种灵活性。所以，取猿象练功夫，就是外练肢体运动的灵活性，内练抑制思想活动，以改变其动乱无定的情况。就外在而言，则需要模仿猿猴东张西望，攀树摘果的动作。当然，最为基础的是手形。猿戏的基本手形是猿钩，即五指撮拢，屈腕，大拇指压在无名指指根内侧，其余四指握拢，然后握固。

猿属火。心火猿主心脏，对心神起作用，猿的动作闪展腾挪灵活，通过这样的动作，可以按摩心脏，改善脑部供血。对神经紧张，精神抑郁等症有防治作用。

（1）猿提式

猿提，因为动作的灵活性要求，所以，一方面要快，另一方面，因为动作相当琐碎，所以，在练习过程中，一些细小的动作一定要注意，否则出不了神韵。总的说来，抖腕变掌成勾手的动作要快，意在体现猿的敏捷；耸肩缩项含胸的动作要紧，意在模仿猿的形态；左右张望时眼神要机警，意在表现猿猴机灵、警戒的心态。起势时，两手置于体前，十指快速变猿钩，其中注意耸肩、缩脖、提手、收腹、提肛等，脚跟提起，头向左来回转，肩放松，脚跟着地，两手变掌下按至腹前，再做右势。

练习猿提的一个难点在身体的平衡性，换句话说，就是要把持好重心。重心上提时先提肩，再收腹提肛，脚跟提起；重心下落时先松肩，再松腹落肛，脚跟着地。有些习练者反映站不稳，是因为全身上提的时候力量没有集中到一个方向上。如果自下而上提踵、提肛、耸肩、百会穴上顶，全身力量向上到达百会穴，向下压在前脚掌，始终保持与地面垂直，这样，重心就很中正，自然就站得稳了。

（2）猿摘式

练习猿摘的时候，要模仿其中的神韵。通过左顾右盼、上步摘果、退步托掌等动作来表现猿猴寻果、摘果、托果的情景和机警的神韵。其中要注意动作的连贯性，以轻盈灵巧、动作流畅为佳。猿摘模拟猿猴攀树摘果，手形和眼神的变化较多，伴随寻找、发现、采摘的过程，眼到手到，可以假想发现了树上仙桃，然后下蹲，向前跃步，攀树摘果，同时，左脚左后方退步，右脚收回变丁步，右脚前跨重心上移再收回变丁步。

【功效】猿属火。心火猿主心脏，对心神起作用，猿的动作闪展腾挪灵活，通过这样的动作，可以按摩心脏，改善脑部供血。对神经紧张，精神抑郁等症有防治作用。此外，猿戏还能对颈椎和腰疼起到很好的治疗作用。

第三节

静养生：动植物的仿生养生智慧

人之所以为万物之灵长，一个重要的原因就在于人类自身的学习能力。就其本初而言，向动物学习是一个重要的方面。那些历经数百万年甚至数亿年进化而成的动物，为人类养生留下了宝贵的生存技巧。比如，有些动物饮食结构合理，从没有补充“维生素”的必要，比如，向日葵总能保守阳气而颗粒饱满。探索这些动植物的生长之理，人类能从中吸取丰富的养生经验，从而寿至天年。

长寿神龟：生活节奏“慢”下来

大家知道，乌龟是一种长寿动物。其寿命究竟有多长？资料显示：“其自然生命一般为150年”，另据有关考证，生活在太平洋和印度洋热带岛屿上的家龟，以青草、野果和仙人掌为食，寿命特别长，可活300岁。而一些特别长寿的乌龟可达五六百岁。所以民间有“千年王八万年鳖”的说法。那么，乌龟长寿的奥秘是什么呢？研究发现，在乌龟的生活中，凸现出来的是一个“慢”字。具体说来，乌龟其自身的新陈代谢不仅缓慢，而且其生理节奏也非常慢。此外，乌龟还有嗜睡的习性，一年要睡上10个月左右，既要冬眠又要夏眠，这样，新陈代谢就显得更为缓慢，能量消耗极少。这些“慢”性特征，就使得龟的消耗极少，能使自身功能得到调整和休养。

别笑我慢，这可是养生的一大诀窍哦。想长寿生活节奏可不要太快呀。

作为龟的一大特性的“慢”，对现代人们的养生有着非常重要的指导意义。现代人行色匆匆，一个交通的红绿灯还能让他们着急半天，追求速度与效率，高唱“时间就是金钱”。其实不要忘记了还有一句是“时间就是生命”，但要说明的是，这被很多人误解了，大多数人都认为把时间抓紧就是对生命的珍惜，就是对时光的最好的利用。但试想，原本高寿过百的生命在所谓的“珍惜”中，几乎打了六折，六十多岁就走了尽头，近半个世纪的光阴都没有了。其中半个世纪的光阴得与失，全在一个“慢与快”的选择。

据一项调查显示，84%的人认为自己生活在“加急时代”，其中71.1%的人称，“精神高度紧张，压力大”是让他们着急上火的主要原因。然而“欲速则不达”，就是对工作而言，也有“慢工出细活”之说，这一点金庸就是榜样，85岁高龄仍然精神矍铄的金庸先生给了我们一个很好的回答，他说：“我的性子很缓慢，不着急，做什么都是徐徐缓缓，最后也都做好了。”对于慢养生，金庸先生更是一语道破了天机，他说：“人要善于有张有弛。武打小说打一会儿，就要吃饭，谈情说爱，不能老是很紧张，要像《如歌的行板》韵律一样，有快有慢。这样对健康很有好处”。那么，人们该怎样在日常生活中贯彻慢养生呢？其实从生活的一点一滴做起就可以了。

据记载，无论是在忙碌的美国还是在浪漫的澳洲，一种“每天一万步”的健身方式相当流行，医学研究表明，每天步行1小时以上的男子，很少参加运动者人群心脏局部缺血的发病率是每天坚持慢运动步行人的4倍。即使不能每天去坚持走那“一万步”，但你可以从心态等各个角度，让自己实现慢饮食、慢节奏、慢速度、慢心态。这其中，对现代人来说，最为重要的就是改变“狼吞虎咽”的习惯，做到“慢饮食”。这样做有很多的好处：其一是可以有充分的时间将食物磨得极细，有助于食物消化吸收，减轻胃肠负担；其二是慢餐可以使唾液分泌量增加，增加的唾液在进入胃部之后，能形成保护胃部的蛋白膜，预防胃溃疡。此外，慢餐还能锻炼面部肌肉，减少皱纹，缓解人紧张、焦虑等情绪，甚至对血糖、胆固醇、血压的降低也很有帮助。

每餐咀嚼约1000次，用时约20分钟，对老年人来说，每口饭菜应咀嚼25~50次，每顿饭吃30分钟左右,让味蕾充分享受每一种味道。

如果从“作用”的角度还不足以让你改掉吃饭“速战速决”的不良习惯，那么，这里为你做一个硬性的标准性规定，参照起来，刚开始显得别扭，在坚持到一个月的时间，习惯养成了，必然受益终生。具体标准是：每餐咀嚼约1000次，用时约20分钟，对老年人来说，每口饭菜应咀嚼25～50次，每顿饭吃30分钟左右,让味蕾充分享受每一种味道。事实上，来自医学的研究也显示，中老年人癌症发病率较高，与咀嚼能力差有一定关系，而如果每口饭咀嚼30次左右，基本上可以消除食物中的致癌物。

冬眠动物：睡觉让生命少些耗费

冬眠是很多动物的一大特性，历来在养生上备受关注。比如，加拿大山鼠冬眠长达半年，遍布美国西部地区的金毛地鼠，每年也要冬眠5～7个月。因此，我们说冬眠是一个概说，而不是仅仅指在冬天的睡眠，事实上，动物还存在夏眠，存在日眠和夜眠，这里就其表现较为突出的冬眠进行说明。

1 2

为了应对低温、食物匮乏等不利环境，动物会采取冬眠来进行自我保护。如山鼠、刺猬、蛇等。

在冬眠期间，无论是山鼠还是金毛地鼠，都将身体蜷缩一团。它们有一些相通的特点：减缓心跳频率、免疫系统也低速运行，体温较低，而且呼吸逐渐缓慢，脉搏微弱。科学研究发现，刺猬在冬眠的时候，简直连呼吸也停止了。原来，它的喉头有一块软骨，可将口腔和咽喉隔开，并掩紧气管的入口。生物学家曾把冬眠中的刺猬提来，放入温水中，浸上半小时，才见它苏醒。

为什么动物会冬眠呢？客观上讲，它们是在进化过程中为了应对低温、食物匮乏等不利环境而采取的一项自我保护行动。从身体机制的角度来看，科学家们通过实验发现，冬眠期间，就大多数动物而言，有这样一些共同的生理特点。心脏跳动缓慢，心脏的功能大大降低，有效地防止了血液循环紊乱；肺呼吸减慢，一次呼吸最长达10分钟；肾产生的尿量很少；性生活在冬眠前就完全停止，在冬眠沉睡时期又慢慢恢复；神经系统的肌肉仍然保持充分的活力，而新陈代谢却降低到最低限度，冬眠后的动物抗菌抗病能力反而比平时有所增加。显然，冬眠的这些特质对它们是有益的，使它们到来年苏醒以后动作更加灵敏，食欲更加旺盛，其身体犹如脱胎换骨再生了一次。这在医学上最为直接的利用就是创造了低温麻醉、催眠疗法。

与动物冬眠时候的生理状态相对应，人尽管没有冬眠的习性，但人却需要睡眠。就养生的角度来看，有一个大体相当的养生之理，即节能。人在睡眠的时候，心脏与呼吸都很难做类似动物冬眠一样的调整，但如果从动物冬眠需要的一些相关要件来看，这就能为人们的睡眠养生提供很多的参考。

适合的温度是动物冬眠的要件之一，因此，人在睡觉的时候，无论是夏天还是冬天，空调不能常开，风扇也不能在夜里睡眠的时候常开，甚至夜半要注意开窗户的大小，以免受寒而醒。人生病很多都与此有关，从中医的角度来看，人在睡眠时，气血流通缓慢，体温下降，人体就会在表面形成一种叫“鬼魅不侵”的阳气层。有些人睡觉爱做梦，实际上是阳气亏损的问题，如果一个人阳气足，他是不会做噩梦的。如果开窗户，窗户走的是风，风入的是筋，如果开空调，也有风，风入筋，寒入骨，早上起来，身上发黄，脸发黄，脖子后面那条筋发硬，骨节酸痛，甚至有人就开始发烧，这就是风和寒侵入到了筋和骨头里的缘故，这也就是气受伤了。因此，类似动物的冬眠一样，人睡觉必须要有大体相适应的温度。

那么，多少度合适呢？就动物的冬眠来看，一般周围环境温度在5～10℃时，最易引起冬眠。而对于人体睡眠养生来看，体温36.5℃，上身表皮温度34℃左右，保暖温度34℃左右，不凉不热有助于深度睡眠。特别要说明的是，睡觉时四肢要暖，因为四肢是阳之本，这个大家都知道，四肢不暖，肯定是肾阳不足，应该在睡觉之前把手脚捂暖，手脚和肚脐、背后的命门都要盖好，免得受寒。一般而言，脚部表皮温度32℃左右,保暖温度需要在30℃左右，这样有利于脚部血液循环。总起来看，一般室温保持在28℃是最适合休息的。如果温度太低，甚至被冻醒，那么，第二天多会有浑身乏力、头疼、腰酸背疼、四肢痛、关节痛等症状，更严重时可以引发月经不调、腹泻等症状。

食物的缺乏是促成动物冬眠的又一因素，科学研究发现，鸟类一般只要限制食物或者是让它饥饿，它就会立即进入昏睡状态。动物冬眠是为了保持体内的能量，避免冻饿的一种对不利环境条件的适应和“自救”方式，一方面由于在冬眠的状态下，体温降低，能减少98%的代谢活动而适应外环境，酿成了整个生理活动的“沉睡”状态，也就是生命过程相对延长了，从而动物的寿命也就延长了；另一方面是由于在断食辟谷的状态下，刺激机体进行应激反应，重新调整机体内环境所存在的种种隐患和病灶，产生了推陈出新、优胜劣汰、脱胎换骨之效，从而便使动物防治了种种疾病。

所以，动物冬眠的这些习性，对于人体养生来说，最为直接的就是睡前不要吃东西，否则，不仅影响到睡眠的质量，还会使食物较长时间停留在胃内，促使胃液大量分泌，对胃黏膜造成长时间的刺激，久而久之，会导致黏膜糜烂、溃疡，抵抗力减弱，甚至造成胃癌。即使只是吃一些带有点心性质的东西，也建议你吃夜宵的时间早点，睡前一小时别吃东西。这一点有点类似于一些高僧的“辟谷”，即长时间不吃不喝，把体内秽物排净，这些高僧圆寂后往往都能永葆真身。

光照时间减少或光线昏暗是动物冬眠的另一个重要的条件。从人体养生的角度来看，睡眠的时候就需要有合理的灯光设置，所以，卧室内的装饰就不要跟舞厅或者酒店一样，总是各种灯光忽闪忽闪的，这样会影响到睡眠的质量。光也是引起冬眠的重要外界条件。来自医学的研究显示，光线是影响睡眠的最大元凶，会让人睡得不安稳，甚至因浅眠而频频醒来!

缩头乌龟：颈部运动防治颈椎病

颈椎病是一种综合征，又称颈椎综合征。具体说来，是颈椎骨关节炎、增生性颈椎炎、颈神经根综合征、颈椎间盘脱出症的总称。患者轻则常常感到头颈肩及臂麻木，重则可导致肢体酸软无力，甚至出现大小便失禁及瘫痪等。

颈椎病，顾名思义，是人的椎体出了问题。脊柱是整个身体的支架，是保护并连接神经系统的重要组织，在整个身体中处于支配地位。做好脊柱的保健，对于刺激神经系统功能、增强大脑功能、调节脏腑功能、提高人体对病毒侵袭的抵抗力有很好的作用。而一旦它出了问题，则可能导致体内神经传导信号中断，身体各相关脏器和神经也会因此出现功能异常，人体最直接的感受就是会有一系列的疼痛、麻木等感觉。此外，颈椎异常，会导致大脑神经受到影响，轻者反应迟钝、记忆力减退，重则令血压升高。有时候，皮肤发痒或皮肤变黑也与此有关。

颈椎病是现代人的一大健康困惑，如何仿照乌龟做“伸缩头”的运动来防治颈椎病的发生呢？乌龟伸缩头的动作，并非是简单的直线向前向后，因为它要观察自身前后左右的情况，所以，一般都是东张西望的样子，因此，在锻炼颈椎的时候，也可以模仿乌龟四处张望的样子，让自己做引颈高歌状，头尽可能伸至能达到的极限高度，向下的时候则尽可能将下巴压低，抵住胸口，使两耳低于双肩，有助于预防或减轻颈椎病症状，减轻疼痛。

头尽可能伸至能达到的极限高度，向下的时候则尽可能将下巴压低，抵住胸口，使两耳低于双肩，有助于预防或减轻颈椎病症状，减轻疼痛。

还可以采用以头写“米”字办法进行颈部的锻炼。具体方法是：先将头保持中正，按照从左到右书写好“米”字的横画，即“一”；然后自上而下写好竖画，即“丨”，将头回到正位；然后写该字的两点，即“、”。其要领是将头分别向左、右两边伸脖子，角度为45°，之后头回到正位。最后是头向左下方撇（丿）画和捺（㇏）画，其要领是在头回到正位之后，切记单纯地做头部的撇与捺的动作。比如，在写“丿”的时候，头颈要先向右上方尽量拉伸，然后再向左下方划一撇；相应地，写“”的时候，要将头颈回到正位，然后先将头尽量向左前上方拉伸，再向右下方划一捺，恢复头颈正位。就其运动量来看，一般每次书写5～10个“米”字即可。

田鸡青蛙：腹式呼吸助你增寿十年

动物的呼吸和人的呼吸不一样，一个最为主要的区别就在于呼吸的方式。人是用肺呼吸，而动物采取的是腹式呼吸。需要说明的是人是在适应新的种种环境需要，在直立行走之后，腹式呼吸退化而开始主要以肺进行呼吸。那么，什么是腹式呼吸呢？一般而言，腹式呼吸是指吸气时让腹部凸起，吐气时腹部凹入的呼吸法。实际上，这种呼吸的方式只是腹式呼吸的一种，属于是顺呼吸，还有一种是逆呼吸，即吸气时轻轻收缩腹肌，呼气时再将它放松。二者的差别就在于：呼吸只涉及紧靠肚脐下方的耻骨区，吸气时轻轻收缩这一部位的肌肉，呼气时放松，舌尖轻轻顶住上腭，如有津液溢出，则可徐徐咽下。

人活一口气，呼吸对人体非常重要，一呼一吸承载着生命的能量。但就是如此重要的呼吸，人们还远远没有达到呼吸的效果。一项最新调查显示：不论在发达国家，还是在发展中国家，城市人口中至少有一半以上的人呼吸方式不正确。很多人的呼吸太短促，往往在吸入的新鲜空气尚未深入肺叶下端时，便匆匆地呼气了，换句话说，很多人在没有吸收到新鲜空气中的有益成分时就将气体呼出了。这有点像一些任性的小孩，在吃包子的时候，刚咬一口，还没有吃到肉馅就将包子扔掉了一样。

对此，相对比较柔弱的女性尤其要注意，她们的呼吸相对比男性还要浅许多，肺底部的肺泡没有经过彻底的扩张与收缩，自然得不到很好的锻炼。这样氧气就不能充分地被输送到身体的各个部位，时间长了，我们身体的各个器官就会有不同程度的缺氧状况发生，这往往是一些慢性疾病产生的最初诱因。与之相反，如果采用腹式呼吸，就能有效地增加身体的氧气供给，扩大肺活量改善心肺功能，减少肺部感染，尤其是少患肺炎。同时，可以改善脾胃功能，有利于舒肝利胆，促进胆汁分泌。通过降腹压而降血压，对高血压可起到很好的治疗作用，还能更好地抵抗感冒、支气管炎、哮喘和其他呼吸系统疾病。此外，由于横膈膜和肋间肌在呼吸中得到锻炼，人体的活力与耐力也会相应得到增加，精力也就更充沛了。

那么，如何进行腹式呼吸呢？现在采取回到过去，完全用腹式呼吸也不现实，这里推崇的腹式呼吸也就是在是把腹式呼吸跟胸式呼吸配合进行，就是在胸式呼吸的同时增加腹部的鼓起及回缩。

具体练习方法：一般可以先取半卧位，即两膝半屈使腹肌放松，双手分别放在前胸和上腹部，用鼻子缓慢吸气时，此时肺部及腹部会充满空气而鼓起，但还不能停止，仍然要使尽力气来持续吸气，不管有没有吸进空气，只管吸气再吸气。然后屏住气息4秒，此时身体会感到紧张，接着利用8秒的时间缓缓地将气吐出。吐气时宜慢且长而且不要中断。患者可每天进行练习，一呼一吸掌握在18秒钟左右。即深吸气（鼓起肚子）5～8秒，屏息2秒，然后慢呼气（回缩肚子）5～8秒，屏息2秒。每次做5～15分钟或以微微出汗为宜。逐渐养成平稳而缓慢的腹式

1

深吸气（鼓起肚子）5~8秒，屏息2秒。

2

慢呼气（回缩肚子）5~8秒，屏息2秒。

呼吸习惯。需要注意的是，呼吸要深长而缓慢，尽量用鼻而不用口。如果是健康人群，作为长期的保健之法，还可以遵循一个时间的比率，即在刚练习的时候，使呼气和吸气的时间比保持在1∶1的比率，渐渐地，应将吸气、屏气、呼气的时间比保持在1∶1∶2的比率。力争在通过锻炼之后，使自己吸气、屏气、呼气的时间比保持1∶4∶2，特别提醒的是，屏息对于患者而言，决不可勉强为之。

闭藏保阳：花开花落的养生启示

春华秋实,植物对应季节的变化非常的明显，实际上植物的很多养生智慧在被一些多愁善感的文人所掩饰,比如,秋天来了,落叶飘零,人们多了太多的感伤,甚至面对光秃秃的树干多生几分怜悯之心,看到小草的枯萎则倍感一岁即枯荣的“凄惨命运”，但事实上，植物的另一面却多被忽视，这就是养生。

《易经》讲天人相应的原理，道法于自然，从对植物养生的提炼中，《黄帝内经》有了“春养生，夏养长，秋养收，冬养藏”的养生之论。比如，春天到来的时候，树木开始发芽是为“生”，而到了夏天的时候，树木枝叶繁茂，或者繁花锦簇是为养“长”，到了秋天的时候落叶飘零，可以看做是养“收”，到了冬天的时候，树木顺应天地气机收敛，一些树木就只剩下了树干,是为养“藏”。其能耗大大降低，才有来年的春华秋实的繁茂，才有经过生命能量储存后旺盛生命力的绽放。也才有小草“春风吹又生”的生命的礼赞。这里，体现的是植物自我生命延续的一种智慧。

顺应这样一种自然的养生之理，所以，主张人与自然相呼应，即人养生也应该顺应自然，向充满“养生智慧”的植物学习，在冬天的时候要闭藏，因为肾主阴精，所以，在冬天的时候房事不能太过。再者，就是饮食上，可以适当摄取一些厚味之品，以储存生命之花绽放所需的能量。

闭藏是向植物学习养生的一个重要方面，保阳则是另外一个方面。这一点，最为典型的就是向日葵。向日葵总是扭转“脖子”，向着太阳生长，所以，不仅花儿怒放，而且孕育了难以计数的颗粒饱满的瓜子。实际上，这一点，在小时候爬树摘果子的时候，就多有体会，一般向太阳而结的果子相对其他的会甜些，果实也硕大些。

1. 春季万物复苏，人体阳气开始生发，适当进行舒缓的运动可以助长阳气的生发。

2. 秋季落叶飘零，人体阳气要由长转收，做平缓运动适合，以免损伤阳气。

3. 夏季树木枝叶繁茂、繁花锦簇，人体阳气生长至极盛，剧烈运动可以放手而为，注意勤补水分，阳得阴助，方得健康。

4. 冬季万物凋零、天寒地冻，一派萧条零落的景象，人体阳气伏藏，是匿藏精气的时节。

对于人养生而言，晒太阳有很多的好处，不仅可以促进血液循环，还能帮助防治骨质疏松。从中医的角度来看，则可以补充体内的阳气，老年人多晒太阳，就是养骨的最好方式。从现代科学的研究发现，常处于光亮中的人看事情多是积极向上的，反之，那些处于黑暗中的人看事情容易倾向于负面消极。处于积极的态度则心胸豁达，生命就趋于旺盛；而处于消极的心境中，则意志消沉，生命趋于枯萎。由此可见，晒太阳对于人体还有“养神”之功效。现在的日光浴在很大程度上就是在借鉴向日葵等植物基础之上发展起来的养生方术。

当然，晒太阳养生跟服用药剂一样，再好的药不能过量服用，太阳养生也不能无限制地将自己“炙烤”着。晒太阳不仅有一个“剂量”的问题，同时还有一个阳光“采摘”的问题。一般来说，春夏之时，上午9点之前、下午5点之后的太阳比较合适，一般时间上以15分钟左右为宜;而在秋冬的时候，上午10点左右、下午4点左右的太阳相对柔和一些，一般比较适合养生。需要特别注意的是，时间一般以舒适为度，再者，一定要注意防止一冷一热导致的身体不适。

第八章
《易经》道德原理与情志养生

《易经》曰："立人之道，曰仁与义"。还说"圣人以此洗心，退藏于密。"这里强调的是厚德奉献和剔除杂念，秉持纯净意念。由此不难看出，养生不只是简单的体育锻炼、也不单单是吃一顿营养餐，还包括内在心神的调养。事实上，"善养生者，上养神智，中养形态，下养筋骨"说的也就是这个道理。

◎ 第一节 上养神智，养生需念“道德”经

◎ 第二节 修炼心身，情志养生“道法自然”

第一节

上养神智，养生需念“道德”经

《易经·象卦》中说：“山下有泽，损，君子以惩忿窒欲”，意思是说山矗立在地上，水泽在地下，山之所以能够高出地面，是因为水泽能够自损于地下，然后使自己成为水泽，制止心中的愤怒和欲望，不生贪欲。不难看出，对于养生，《易经》明确提出了养心的重要性。由此，不难理解孔子强调“仁者寿”而高寿至73岁，孟子重视卫养“浩然正气”而高寿至82岁，也正是缘于此理。

养生绝学十：精神内守无病一身轻

《易经》曰：“天行健，君子以自强不息”，“地势坤，君子以厚德载物。”大意是天（即自然）的运动刚强劲健，相应地，君子也应该刚毅坚卓，发愤图强；大地具有厚实和顺的品性，那么，君子就应该相应地具有容载万物的德性。换句话说，君子应该像天宇一样追求不止、奋斗不息；像大地一样厚德待人，无论是聪明、愚笨还是卑劣都尽可能去包容。就日常生活而言，《易经》以德养生，可以从

《易经》对家的关注领略其中的养生之道。

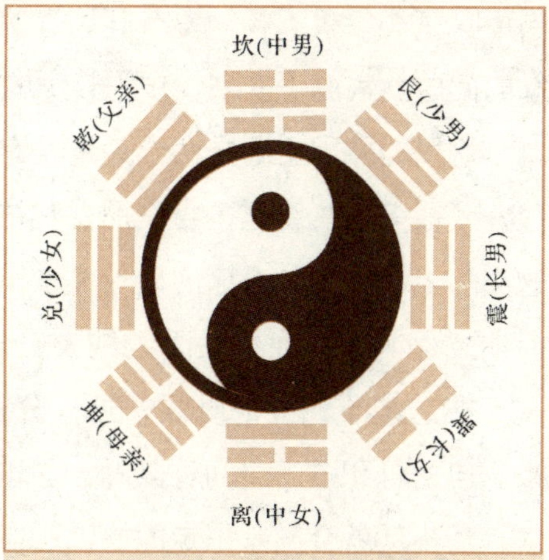

家庭成员和八卦八布图

早在数千年前的《易经》，就对家非常重视，这一点，从《易经》八卦中就可以看出来。在八卦里，前面主要是说了八卦跟人体部位的对照，而从“家”的角度来看，八卦就是一个完整的“家”。其中乾卦对应的是父亲、兑卦对应的是少女、离卦对应的是中女、震卦对应的是老男、巽卦对应的是老女、坎卦对应的是中男、艮卦对应的是少男、坤卦对应的是母亲。从其中的对应关系来看，大体可以做这样的理解，即“老男、老女”是爷爷、奶奶，中男中女是夫妇，少男少女为儿女，当然父母则是父亲和母亲，这就是名副其实的“四世同堂”。俗话说，家和才能万事兴，这其中的“兴”很多时候被人误以为是事业、家族的兴旺，其实从家的角度讲，家的兴旺，最为本初的不是在于财富的累积，而在于“人丁兴旺”。“人丁要兴旺”一个基本的前提就是健康。所以，这样我们就明白了，和谐的一个重要内核就是健康。那么，从“家”的层面出发的健康，显然不是运动等个体生命能解决的。怎么解决“家”的健康呢？秩序。

所以，在《易经》的家人卦中，就以尊卑来明确了家的秩序，因为有了夫妇才有了人丁，才有了根据出生关系来确定的老幼尊卑顺序。所以，夫妇是核心关系。也正因为如此，所以，《易经》中才有了“家有严君，父母之谓也”的说法。就是说，首先从治家的角度来看，父母的管教要严格，再者就是要遵循“父父、子子、兄兄、弟弟、夫夫、妇妇”的长幼之序。这一点是应该强调的，现在很多的人得郁闷症，整天唉声叹气，气机不畅，多有肝病等疾患，一个重要的原因，其实就是在家的问题。家庭不安宁，作为其中的一分子必然受到牵连。

这里的原因主要是两个关系没有处理好，一是与孩子的关系没有处理好，很多家长将孩子当作朋友对待，甚至自称是他们的“大朋友”。这实际上是给长幼有序的人伦关系搅了浑水。父母之间具有血缘关系，而朋友之间没有血缘关系，朋友在志趣相投的时候可以喝酒吃肉做朋友，在志趣不相投的时候，可以分道扬镳各奔东西，甚至老死不相往来。但父母和孩子之间可以吗？这也是现在很多孩子没有浓郁的家的概念，动不动就会离家出走的原因所在。因为在父母看来，那是家，在孩子眼中，那就是和朋友聚首的地方，从这里可以看出，很多时候，是父母自己把孩子“培养”成那个样子的。所以，父母千万要警醒，不要再以父母和孩子做朋友是一种新型关系的确立而自居。

再一个关系就是婆媳关系，这是一个非常敏感的话题。就其原因来看，造成婆媳不和的诱因多如牛毛。但一个重要的方面就是认识的错位，无论是做婆婆的还是做儿媳的都没有很好地定位。最明显的就是参照错位。婆婆拿媳妇总和自己的女儿比，而儿媳总拿婆婆和自己的母亲比，所以谁也不满意。如果家的秩序理顺了，那就是儿媳应该以孝为先，然后做好“女儿”的工作，而婆婆也应该对外来的儿媳当自家的“女儿”去看待。这样，就会多些欢笑，减少太多唉声叹气，少了因为气机不顺而患的肝病。

养生当养神：心平常，无病寿自长

《素问·移精变气论》曰：“得神者昌，失神者亡。”意思是说，一个人如果神充盛的话，那么，身体就会健康，而如果神衰弱，则身体也会随之衰弱。而进一步讲，如果是神存在，则人生命就存在，如果连神都灭了，那么，生命也就终结了。

自然，上面谈及的神和现如今说的“神经”并不是一回事，也不能等同于传统意义上说的“魂灵”。《周易》在对神进行解释时说，神就是指精神。所以，现在一个人要看上去精神不那么好，一般都会关切地问“怎么了，有哪里不舒服”之类的话，可见，神和人的健康息息相关。事实上，中医对神早就有足够的重视，并以此来诊断疾病，这就是中医常会讲到的“望诊”。即通过望人体之神来判断病人的病情。神的作用，在《养老奉亲书》中说得更加明确：“主身者神”，这也肯定了神的统帅作用。

那么，该如何养神呢？《黄帝内经》说“静则神藏，躁则消亡”。也就是说，神宜静而不宜躁。这一点，可以从老子、庄子的“清静无为”得到启示。老子在《道德经》里指出：“静为躁君。”意思是说在动与静这一对矛盾中，静是矛盾的主要方面，安静是躁动的主宰。所以，老子极力主张要“致虚极、安静笃”，即要尽量排除杂念，使心灵空虚而不杂；始终如一地坚守清静，使神气静而不躁。这一点，庄子与老子的思想如出一辙，他用水来说明这一养生道理。曰：“水静犹明，而况精神”，其言语之间透露出一种强烈的主静之说。即水因为静才能清澈而透底，精神要“明晰”也必须安定守静。这一点，在后来的《黄帝内经》中就更加明晰化了。其曰：“恬憺虚无，真气从之；精神内守，病安从来。”这里的“恬憺虚无”与“精神内守”可以理解为是思想要安静而不杂乱，神气需要内敛，只有这样，邪气才不会受到侵害。《精神训》对此说得更明白，其曰：“夫精神气志者，静而日充者以壮，躁而日耗者以老”。

现代生理医学研究也证实，人在入静后，生命活动中枢的大脑又回复到人的儿童时代的大脑电波状态，也就是人的衰老生化指标得到了“逆转”。而一项来自精神调摄的调查也从反面印证了这样一个道理。调查发现，那些经历过重大精神挫折、思想备受打击的人，如果没有得到良好的精神调摄，多种疾病的发病率都有明显增加。而且常常会处于精神飘忽的状态。事实上，安静也并非易得，具体说来，可以从以下几个角度做些努力。

（1）清耳闭目

眼耳为人体五官之一，是神接受外界刺激的主要器官，其功能受着神的主宰和调节。耳为采听官，眼为检察官。清耳则少了采听，闭目则少了监察。则会目清耳静、神气内守而心不劳。打个比方说，身体总能量在各地（身体各个器官）都有所派发，如果有些器官因为暂时可以不予启动而为生命节能了一样。这就好比是手机白天关掉了手电筒等的照明功能为手机节约了电量是一个道理。对于手机而言就是延长了使用的时间，对身体而言，清耳闭目也就延长了身体的使用时间，即寿命延长了。

相反，目驰耳躁，则神气烦劳而心忧不宁。老子曾说：“五色令人目盲，五音令人耳聋”，此即是说乱视杂听，则会使耳目过用不清，而耗伤神气。这里要提醒的是老人和青年人要深刻体会此养生之道。青年人整天MP3、MP4里挂在耳朵上，即使公交车上也让耳朵这个“采听官”不休劳作，加之年轻人的气血旺盛，所以，往往心躁不静，所以，年纪稍稍大一点，身体就承受不了。因此，时尚生活不能以健康为代价。人在八小时以外需要休息，身体各个器官也与之相似。

对于老年人而言，则要提醒的是，他们阅历万千，思虑易起，故神更是易动难静，《千金翼方·养老大例》针对老年人这一特点，强调指出：“养老之要，耳无妄听，口无妄言，身无妄动，心无妄念，此皆有益老人也。”或许有的老人觉得多看看外边的世界对自己的心神是一个放松，固然，适度有益健康，但不可为过，否则也会累及于心。比如《老老恒言·燕居》说：“心者，神之舍；目者，神之牖。目之所致，心亦至焉。”说明了目视累心动神及静神必先抑目的道理。实践表明，闭目的同时，用双手食指端轻轻压在眼睑上，微微揉摩，至眼珠发热发胀，则能在暴躁时降火；读书、看报、写字疲乏了时，不妨微微合上眼睛休息一会，会使你快速“充电”，消除疲劳，即闭目方能解乏。此外，闭目还能养气，即老人如果常感到气不够用，特别是呼吸道感染和哮喘病人，闭目静养则可以培补元气。

（2）静功养肾

《养生四要》说：“人之学养生，日打坐，日调息，正是主静功夫。但要打坐调息时，便思要不使其心妄动，妄动则打坐调息都只是搬弄，如何成得事。”可见，静功是以静神和调气为主要目的的一种锻炼方法，而静神又是气功锻炼的前提和基础。所以，通过练意和练气两方面，就能在静坐、吐纳、调息、服气等方法中，使身心得以修炼。事实上，《黄帝内经》说：“呼吸精气，独立守神。”这其中的神气内收也是静功修炼的结果。

有活神仙之称的中医气功养生家李庆远，相传活了257岁。而动作不衰，上山采药，赶集卖药，形同壮年。除了他每天早上五点起床打坐练功，经常练练拳术之外，还总结出《道德经》五千言，只不过慈、俭、和、静四个字。慈：人心能慈，即不害物，不损人；俭于饮食则不伤脾胃，俭于嗜欲则聚其精神，俭于言语则养其气息，俭于郊游则洁身寡过，俭于酒色则清心寡欲，俭于思虑则消除烦恼；君臣和则国家兴盛，父子和则家宅安乐，兄弟和则手足提携，夫妻和则闺房静好，朋友和则互相维护；身不过劳，心不妄动也。

仁义为养，孔孟的长寿之道

《易经》曰：“立人之道，曰仁与义”。还说“圣人以此洗心，退藏于密。”现在提孔孟之道，一个核心就是仁与义。孔子取仁高寿至73岁，孟子取义高寿至82岁。取仁者强调关爱他人，而取义者强调正气内养。取仁者心神内守，病安何来？取义者，正气浩然，邪不可干。事实上，仁义二者内质相同，所以都成为了高寿之人。

孔子作为《易经》作者之一，从德养的角度，很容易想到的是他的“戒得养生术”，即“及其老也，血气既衰，戒之在得”。实际上，“戒得”不仅对于老人养生很重要，对于创造家庭美好生活的中年人来说也非常重要，甚至在如今房奴、车奴日增的年代，对于“得”的取舍也成为很多人养生的大敌。如何“戒得”呢？

“及之老也，血气既衰，戒之在得”，其本意说的是，人生在老年之时，机体的各种生理功能已经减退，体力与精力均明显下降，要警戒自己不要贪得无厌。“得”即“贪欲”。贪欲，我们都知道欲即欲望，是索取之心。这里主要跟你一起来探讨一下这个“贪”字。

《易经》曰：“立人之道，曰仁与义”、“圣人以此洗心，退藏于密。”

贪，从“贝”、“今”为声。之所以从“贝”，就是有亟思得财货占为己有之意。那为什么又从“今”呢？这里的意思连起来就是表示贪者常思当前之利、专务现在之得。可见，贪是对非所当得、非所当爱的财物等，生起妄求之心，行索取无厌之事。贪色、贪食、贪功、贪利、贪图享受、贪污受贿、贪赃枉法……只要与贪沾边，结果大多不幸！个体如此，群体也一样。所以，古人感叹说“心足则物常有余，心贪则物常不足”。道理很简单，贪财者，现前眼中见的，心中想的都是如何得到财物，至于是否应得往往无心考量，贪求背后的隐患也无能辨识。贪取非义之财，纵令一时富贵，而后旋即破散，身败名裂甚或亡死者，不计其数。所以，老年人气血虚弱，在这个时候，一个养生的重点就是不要心存贪念之欲。

很多时候，人们担心别人问年龄，其实，背后的原因大家都知道，就是担心说自己“老”了，其实，这类人本身就暴露出了一个比这个担心更严重的问题：不自信。看看那些敢于自嘲的人，往往是比较豁达的人，而且往往没有太过的得失计较，从养生看，他们远比那些担心的人，看上去更年轻，也更具有活力和魅力。正是从这样的角度，我们说，顺应岁月变化给身体打下的烙印，老年人服老，也是一种心安理得的养生之道。

如何才能做到心安理得，最为典型的就是看开点。其实，这句大家经常都在用的劝慰的话，其中还蕴含有人体生命来与去的“大道理”。那么，人是怎么来的，又是怎么去的呢？

通俗地说，人都是“赤条条，来去无牵挂”。人在生下来的时候，是赤条条哭着来到这个世界上的，小孩如果生下来不哭的话，那孩子十有八九是养不活的。一般这个时候人们会怎么办呢？你看那些有经验的护士，会将孩子拍一拍，将其打哭。不仅是哭着来的，而且是攥着拳头生下来的。如果生下来就撒着手，这个孩子肯定活不了。再来看看，人是怎么撒手人寰的呢？这一点，大体上，去过火葬场，与那些归去的人做过最后告别的人都清楚，逝去的人（自然死亡）都是笑着撒手走的。为什么人在生命走到终点的时候会笑呢？因为人只要一死，气一散，所有的皱纹就全舒展开了，所以走的时候是笑着、撒着手走了。这样一来，我们就能看到一个非常有意思，但每个人都笑不起来的一件事：人的一生，哭着而来笑着而去。生下来的时候是自己哭，大家笑；走的时候是自己笑，大家哭。

想想这些，再看看那些三国中轰轰烈烈的英雄，“是非成败都转头空”，还有什么利益纷争放不下的呢？所以，我们说，老年人看开得失是与生命的来去相符合的。人生重的就是个过程，过程要精彩，并非都是和钱和物质联系上的。面对乐就开心地去哈哈大笑，面对那些搬迁、分房，面对那些福利待遇等葆着一颗平常心。其实，就是所谓的苦乐忧愁，在每个人那里定义都不一样，一夜暴富的人，穷得只剩下钱了，自然也是郁郁寡欢，而那些在自己兴趣中，在满堂儿孙的幸福中尽情享乐的人，其身体大多得到了很好的颐养。

“是非成败都转头空”，而今儿孙满堂的我们还有什么想不开的呢。

这里，需要特别提醒的是，现在，“舍得”俨然成为了一种时尚的文化。做拍卖的在卖“舍得”，做酒的让人喝“舍得”，做网站的在吸引人用“舍得”，而歌里面还在传唱“舍得”，那些从事出版的人在谈“舍得”。这些种种关于“舍得”的流传中，一般都有一个基本的共同点，即他们主张的是“先舍后得”。其实，这种文化的信念，年轻人不要有，老年养生更不可取。

此话怎讲？因为那些在“舍”的人，几乎在事先就已经盘算好了“得”，属于是一种“舍不得孩子套不住狼”的心态。对于舍后是否能得，可以说很多人的心中都有一种极大的担忧，甚至说是恐惧。担心什么，恐惧什么呢？有一种“赔了夫人又折兵”的担忧。从情志变化的过程来看，前者是一种深思，在中医来看，我们已经很清楚，容易“思过伤脾”，在“深思”之后，可以说是冒着风险做出了“舍”的判断，舍之后会如何呢？担心是否会按照预先“深思”的出结果，这个备受煎熬的过程中，悲忧是在所难免的。如果结果拖的时间太长，迟迟出不来，或者结果对于后来的影响起到了至关重要的影响，加之随时可能发生的意外的担忧，很多人是睡不着吃不下，这当中就是“悲忧和惊恐”交织，“悲过伤肺”、“恐过伤肾”。如果结果不理想，当然很麻烦，这些本来就已经过了的情志体验就会升级，其后果可想而知。事实上，即使真的按照“深思”出现了结果，多数人还会受到一种伤害，即“喜过伤心”。你想呀，这些人经过前面的深思，按预定得出了想像中的结果，得意自己的智慧是情理之中的事情，而且在经过长时间的等待之后，也必将有一个沉默后的总爆发。从这些情况来看，我们说，“舍得不仅不是一种境界，反而是一种伤身的毒药”。如何是好呢？解开“舍得”这把情志之锁的就一把钥匙——舍不为得。

当然，在这个过程中，更多的不是嘴上答应，而是要用心去做。换句话说，这些都不是在帮助你掩饰，而是希望你从内心将那些令一般人期待的结果“放下”。做事的目的是为了给自己内心一个交代。心宽就能“体棒”，其实说的也就是这个道理。

不以物喜不以已悲，得失如过眼云烟。人活得是一种心境，想想，很多珍贵的东西，只是在我们的面前流转。就拿那些有钱人所买的珠宝来说吧，在买到珠宝的时候，很多人在提到那些珠宝的时候，都喜欢说“我的项链，我的戒指，我的耳坠”等等，有什么问题吗？是的，看看“我的”二字，这些东西是你用钱买来的，但是真正意义上是属于你的吗？如果还不明白，我们再进一步给你推演。货真价实的珠宝是历经岁月而“面不改色”的，但人却经不住岁月的雕刻，渐渐地会消失，这些珠宝却依然存在。这样看来，你就明白了，珠宝几乎一定地要属于很多的人，你只不过是这个珠宝的一个过客而已。所以，珠宝要是会说话的话，你在说“我的”的时候，它就会反驳说“搞清楚点，到底谁是谁的”。或者因为继承，或者因为专卖，或者因为盗墓，总之，这些珠宝不知道在被多少人“拥戴”（拥有并佩戴）过。

心宽就能“体棒”，珠宝首饰都乃身外之物，弃之又能如何。

当那些曾经的拥有者都在回归大地的时候，它们还在招摇过市。所以，很多熟悉的事情，我们只要换个心境来看，事情就好像完全变样了。所以，扼守内心的恬静，老年人不要躺在床上还在考虑孙子上学与择校的问题，不要喝茶遛鸟的时候，还在惦记房屋搬迁的问题，甚至连自己有一些小病都不要去想。《黄帝内经》说“精神内守，病安从来”，说的也就是这个道理。

仁义观，德圣周公与《易经》

周公，姓姬，名旦，亦称叔旦，是周文王姬昌第四子，西周时期的政治家、军事家、思想家、教育家，因为仁德著称于世，所以，被后人尊称为“德圣”，儒学先驱。因封地在周(今陕西岐山北)，故称周公或周公旦。其言论见于《尚书》诸篇，被尊为儒学奠基人，也是孔子最崇敬的古代圣人，《论语》中子曰：“甚矣吾衰也！久矣吾不复梦见周公”。

提到周公，我们很多人都知道周公解梦。那么，周公与《易经》到底有什么关系呢？据查证，周公对于《易经》最大的贡献就是“作爻辞”。《易经》中一卦共六爻，即由6个符号组成，每爻都有一个意思，表达这个意思的文辞叫做爻辞。一卦有六爻，故共有6条爻辞。在卦辞下，6条爻辞有“九”“六”作为爻题，阳爻称九，阴爻称六。需要说明的是一卦六爻均是自下而上。结合前面讲周文王的时候，人们不难理解，爻辞就其内容来看，都是来源于对生活的总结和提炼。

再者，周公奠定了《易经》的仁义观，甚至其本身也成为仁德的化身。《易经》说“立人之道，曰仁与义”。于国事而言，周公摄政长达7年之久，依然还政成王而北面称臣；于德性而言，周公礼贤下士。甚至到了一听说贤士来访，丝毫不敢怠慢，竟然会吐下嘴中的食物来接待。所以，曹操在《短歌行》中也会不无感慨地说“周公吐哺，天下归心”。如果从养生的角度来看，仁义其实就是一种“内观”，拿现在的话说就是“道德养生”，尽管没有更为系统地去阐释，但是周公在当时已经躬身而行，也不愧是道德养生的第一典范。

明义理，先圣孔子与《易经》

孔子，名丘，字仲尼。鲁国陬邑（今山东曲阜东南）人。春秋末期思想家、政治家、教育家，儒学学派的创始人。先世系宋国贵族。幼年丧父，家境贫寒，也因此做过许多卑微的工作，拿孔子自己的话说："吾少也贱，故多能鄙事"。这样的经历对于孔子来说，是一笔宝贵的人生财富，事实上，义理的形成也与之不无关系。

孔子与《易经》之间的关系是从孔子读《易经》开始的，也因此，在《史记·孔子世家》里有了"读易，韦编三绝"的记载。据长沙马王堆出土的《周易帛书》记载："夫子老而好《易》，居则在席，行则在囊。"可见，孔子爱好《易经》之甚。

子贡问："夫子信其筮乎？"子曰："我观其义耳。吾与史巫同途而殊归"。这里的大致意思是说，有学生问孔子是否算命，而孔子则告诉学生他不算命，他研究的是《易经》所蕴含的哲理。从这里大家也可以看到，早在数千年前的科学及生产力水平都还相对低下的年代，应该说对于自然现象的困惑要远远比今天多得多，但难能可贵的是，孔子却并没有将具有一定预测功能的《易经》拿来算命，而是推崇其义理的内核。因此，我们说，如果孔子先前读《易经》还只是接受其教育的话，那么，对于义理的进一步阐述则是孔子对《易经》

所作的重大贡献。

那么，何为义理？就一般意义而言，指的是普遍皆宜的道理或讲求经义、探求名理的学问。《礼记·礼器》中说“义理，礼之文也。”那么，《易经》是怎么看待“义理”的呢？《易经》说：“乾，健也；坤，顺也；震，动也；巽，入也；坎，陷也；离，顾也；艮，止也；兑，说也”。从《易经》的说明，大家很容易知道，这里说的一些道理，相当于今天的社会科学。而与我们在上面提到的“乾为天，坤为地，震为雷，巽为木，坎为水，离为火，艮为山，兑为泽”则是《易经》说的“象数”。这些都是大自然中的一些具体的事物。相对比而言，大家也就能在明白的义理中感受到孔子为《易经》所作的重大的贡献了。

顺便要提的是，回望《易经》逐渐丰实的过程，我们看到了四位圣贤人的背影，也仿佛重回了四个伟大的时代，慢慢地由远及近，人们还看到了另一日渐清晰的脉络——健康养生之道。或者因为本身的相对贫乏，或者因为记录和保存的原因，或者诸多原因兼而有之，在之前的时代，关于养生我们多能在细微之处捕捉到一些关于养生的道理，时值孔圣贤的时候，很多的养生之道已经倍加清晰地“浮了出来”。比如，我们知道“鲜”字是怎么写的，左右结构，一边是“鱼”而另一边是“羊”，二者的组合有什么养生之道吗？从孔子的饮食之道中，我们就能十分清晰地发现其中的道理所在。话说，一次郊游，大家在外钓鱼，孔子则安排人架起吊锅炖上了羊肉，后来，将钓到的鱼儿和羊肉一起炖煮，味道果然非同一般，有说，这就是孔子从“鲜”字中悟出的养生之道呢。不仅是一时顿悟，而且在孔子的日常生活中，还一生施行，也因此，在谈到这位大圣人的养生之道的时候，其主张“味鲜而少厚”就作为一种烹饪的道理被提倡。事实上,什么时候吃什么鱼,不仅是现在,即使在本草中也有讲究。

此外，孔子的养生中还提到“不时，不食”。拿今天的话来说，就是不吃“过时”的东西。显然，这里的“过时”并非是说“过期”，而是不吃不符合时令的食物。或许从反面说大家更容易理解，就是不吃“反季节”食物。这也就是数千年前的孔子，为什么收下了弟子颜回自己种的萝卜，而不吃弟子子路的干春笋的缘故。时至今日依然对习惯吃“大棚菜”的人具有很好的指导作用。

以上两个方面，其实是通过吃这件事，印证了“天、地、人”合一的道理。一斑窥全豹，由此，一部蕴含养生大道的《易经》也就通过“养生”向人们铺陈开来，开卷不仅有人生行为和处事的方略，同时还展现了其颐养生命的独特魅力。

精神内守：善恶总有报，德高寿更长

《黄帝内经》说：“上古圣人之教下也，皆谓之虚邪贼风，避之有时，恬憺虚无，真气从之，精神内守，病安从来。是以志闲而少欲，心安而不惧，形劳而不倦，气从以顺，各从其欲，皆得所愿。故美其食，任其服，乐其俗，高下不相慕，其民故曰朴。是以嗜欲不能劳其目，淫邪不能惑其心。愚、智、贤、不肖，不惧于物，故合于道。”

这段话说的是什么意思呢？是说：上古圣王在教导民众的时候，不仅要求大家要避开邪气，而且要保持思想上的清静淡泊，没有欲求，说只

有这样体内的正气才能和顺而不乱，精神也才能安守在内而不散失。并且为今天的人解惑说，所以上古之人都能够神闲气定，欲望不多，而心性平和，无忧无虑，所以，尽管身体上很劳苦，但并没有感到倦怠，而今人生活水平虽提高了，反而总是感觉到心累。上古之人，人气和谐平顺，个个随心所欲都能实现自己的愿望，感觉吃得很香美，感觉穿的衣服很舒适，以自己的民俗而感到快乐，所以，那个时候的人，民众都很淳朴，那些不当的嗜好和欲求不能动摇他们的信念，淫邪的东西也不能迷惑他们的心志，无论愚笨还是聪明，也无论贤能还是平庸的人都不去追求食色的享乐，所以，合乎了养生之道。最后很重要，上古之人在这里概括性地总结说，那时候的民众活到了百岁，动作还不显得衰老，就是由于他们的道德完善而没有偏差的缘故。

难道真的是善有善报恶有恶报吗？老子精于道法修养。他说：“见素抱朴，少私寡欲。”又云：“去甚、去奢、去泰”、“祸莫大于不知足、咎莫大于欲得，故知足之足，常足矣。”“甘其食、美其服、安其居、乐其俗。”他教导人们要祛除贪求妄想之杂念，人身元气则和调顺畅、精神内守而不耗损、阴阳调和、合乎自然、即可益寿延年。老子还说：“专气致柔，守柔日强”，提示人们常保持柔和之气，即富有生机的真元之气，精神上安静自然，则能增强内气运行，增进健康。

关于这一点，也被现代相关科学研究得到了证实。美国心理学家杰尔曼和他的学生历时70多年，对死亡者的道德心理与其寿命作过对比研究，结果是德佳者要多活2～4年。巴西医学家马丁斯经过10年的研究发现，屡犯贪污受贿罪行的人，易患癌症、脑出血、心脏病、神经过敏等病症而折寿。有悖于社会道德准则的人，其胡作非为必然导致紧张、恐惧、内疚等种种心态。食不香、睡不安，惶惶不可终日。这种精神负担，必然引起神经中枢，内分泌系统的功能失调，干扰其各种器官组织的正常生理代谢过程，削弱其免疫系统的防御能力，最终在恶劣心境的重压和各种心身疾病的折磨下，或早衰，或丧生。

与之相反，善良的品性，淡泊的心境则能很好地保持内心的平衡，有利健康。世间有许多德高望重者都是健康长寿者。德高知足乐德行好的人，读书至乐、助人为乐、运动添乐、活动聚乐、交友融乐、艺术升乐、知足常乐，真可谓快乐多多。良好的心理状态，能促进人体内分泌更多有益的激素、酶类和乙酰胆碱等，这些物质能把血液的流量、神经细胞的兴奋调节到最佳状态，从而增强机体的抗病力，促进人们健康长寿。

现在相当多的人在奉行“狼道”，把商场看作战场，把职场看成一种类似动物世界的生态环境，个个狼子虎心，为人做事不择手段，有的更有豹胆，相信那些狭路相逢勇者胜。结果拼杀得头破血流的人，即使一时得逞，但大多将健康抛在了脑后。这算是赢吗？当然不算，因为输掉的是更为宝贵的健康。也因此有人总结说“年轻拿健康换钱，然后拿钱买健康”，健康能买回来吗？当然不行，大不了就是给你修修补补，延长一下对于身体使用的寿命而已。因为伤害的是身体的“元件”，说个玩笑话，从我们使用的手机上就知道，原配的还是好！由此可见，一个人如果德性高尚是有益健康的，正是从养生的这个角度，我们说，今天人们常提到的“善有善报，恶有恶报，不是不报，只是时候未到”是有科学依据的。这就是看似跟养生、跟身体没有太大关系的道德，实际上也与其他因素一道，左右着我们的健康。总结上面《黄帝内经》的话说：道德完善，活到百岁不显老。

第二节

修炼心身，情志养生“道法自然”

《素问·阴阳应象大论》指出：“怒伤肝，悲胜怒；”“喜伤心，恐胜喜；”“思伤脾，怒胜思”；“忧伤肺，喜胜忧”；“恐伤肾，思胜恐”。金元时期的著名医学家张子和说得更明确，即“悲可以制怒，以怆恻苦楚之言感之；喜可以治悲，以谑浪戏狎之言娱之；恐可以治喜，以恐惧死亡之言怖之；怒可以制思，以污辱欺罔之事触之；思可以治恐，以虑彼志此之言奇之”。

过喜伤心，水克火之恐胜喜

说恐胜喜，是五行中“水克火”原理的一种具体的养生运用。为什么这么说呢？从五行属性归类来看，恐在肾属于水性，而这里讲的喜在心是属于火性。平常人们就有水火不相容之说，正因为这种不相容，才能相互克制。

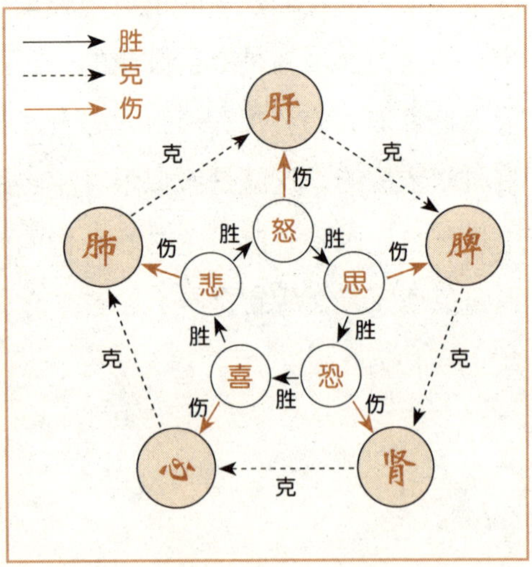

从病理上看，《黄帝内经》认为“喜则气缓”，这里说的意思实质上就是我们前面提到的，过喜而神不守，心气涣散。以一个企业为例，我们说一个团队如果人心不齐，那么，这个团队解散是迟早的事情，因为这样的团队不可能有什么好的业绩表现，所以事

业不举，而对于一个人而言，人的心气涣散了，健康也就处在被伤害的边缘了。接下来，你再去看这个人，大体就会有判若两人的感觉。他们精神不集中，总是做什么好像都不往心里去，很是恍惚。甚至稍稍有那么点“神经”问题，表现出嬉笑不休的样子。处于一种心神癫狂的状态。

如果恐胜喜近乎可以看作是一种原则的话，那么，治疗的方法大多采用的是“以恐惧死亡之言怖之”，即采用一些恐惧心理和言说死亡之事吓唬喜症者。一般而言，对那些患有现代癔症、情感型精神病和表演型人格障碍的人有较好的效果。

《续名医类案》载，李某的父亲因儿子考中进士等喜事而患笑病，日夜大笑不止10余年。太医叫李的家人假称其子已死。病人听说儿子死了，“恸绝几殒。如是者十日，病渐瘳”。

可见，喜伤心，过度喜悦、高兴可令人心气涣散、神思恍惚、健忘、嬉笑不休等。所以，那些做股票的也好，做收藏的也好，更多的是要看重其本身的文化内涵，这样的话，不仅有益于身心，同时还可以培养一种情感，使得自己的内心充实，否则，无论是做股票是收藏，还是其他的什么，赔了自然少不了在遇到“伤心事”的时候伤心，就是赚钱了，也会因为突然大发横财，高兴过度而伤心。

《灵枢·本神》中说：“喜乐者，神惮散而不藏。”一般情况下，一个人

在正常情况下，喜则心康泰，而悦则神清爽，喜悦之情可以使气和志达。拿《黄帝内经》的观点来看，就是营卫通利，身清志爽。但如果失常的话，狂喜暴喜则会伤及心身。对这一点，我们最为有印象的就是范进中举，狂喜而“疯”，还是那个杀猪的岳父当头棒喝将其治疗而恢复了正常。这里运用的就是范进其平素颇畏岳丈之威，遂收当头棒喝而获神志清爽之效。虽属小说构思，却十分合乎恐胜喜之医理。可见，过去对于养生之道的普及，或者说是他们对于养生的重视。

过怒伤肝，金克木之悲胜怒

悲胜怒，肝志为怒。过怒的时候则肝气横逆，气血并走于上，表现为烦躁冲动，面赤头痛，眩晕耳鸣，甚而像周瑜先生那样出现吐血的情况，轻则昏厥，重则丧命。而相对应的是，悲则气消。这就像我们扫地的时候，尘土飞扬，只要撒些水就会抑制其飞扬一样。悲可顿挫怒的激扬之势而建清肃之功，所以叫“悲胜怒”。具体施治的时候，医生应值其嗔怒之际，晓之以理且动之以情，极尽宽慰劝解之能事，令其感动而泣，则恚气多可随之而泄。张子和在《儒门事亲》中阐释情志养生的时候，说“悲可以治怒，以怆恻苦楚之言感之”，其实说的也就是“悲胜怒”之理。

人难免生气，但生气了该如何是好呢？拿夫妻争嘴来说，如果争吵只是意见上的分歧，并没有感情上的彻底破裂。那么，除了提倡你去精心呵护对方，去爱他（她）外，如果不小心已经触怒了对方的话，那么，干脆一不做二不休，直到把对方“气哭”才罢休。肝主怒，当一个人生气的时候，其身体内部可谓是怒气满胸，这时候肝气非常旺盛。如果这个时候跟你吵架（更愿意说是“互动”，因为吵架是一种交流的方式）的一方走了，就等于关上了放气的阀门，这个气就瘀滞在里面了，瘀久就会化热，回来就会接着吵。如果被气哭了，哭的时候肺气就旺盛了，它就把肝气平下去了。所以，很多时候，有什么不顺心的事儿，大哭一场，哭完就没事了。

“悲胜怒”之法，在曹雪芹笔下也得到了很好印证。《红楼梦》第九十七、九十八回写到薛宝钗出闺大礼之时，宝玉发现与之婚配的不是林妹妹，便旧病陡发，当时“诊得病源是悲喜激射，冷暖失调，饮食失时，忧忿滞中，正气壅闭，此内伤外感之症。”后来当宝钗多方规劝宝玉无效时，便不顾贾母等的规诫，激之以悲：“实告你说罢：那两日你不知人事的时候，林妹妹已经亡故了。”此时此语，无异于五雷轰顶。“宝玉听了不禁放声大哭，倒在床上，忽然眼前漆黑，辨不出方向。”致使贾母、王夫人“深怪她造次”，可是宝钗“自己却深知宝玉之病实因黛玉而起。故趁势说明，使其一痛决绝，神魂一归，庶可治疗”。果然，奇迹发生了，宝玉“浑身冷汗，觉得心内清爽，仔细一想，真正无可奈何，不过长叹数声”。医生诊断结果是：脉气沉静，神安郁散，居然身体得以恢复。

这里，哭也是一味安神疗病之药，事实上，无论是男性和女性，只要他们爱哭，一般他们都是属于“不爱记仇”的人。从这个意义上讲，气哭人并不是教你坏，这是一种治疗，有那么点用言语给对方按摩的意思。

过悲伤肺，火克金之喜胜悲

有这样一则故事：

有一位老太太有两个儿子。老大是晒盐的，老二是卖伞的。老太太总是因为孩子的生意而伤悲，为什么呢？按理说，家里好歹也有两个老板了，有什么好伤悲的呢？因为在老太太看来，如果是阴天，那么，老大的生意就不好；而如果是晴天，那么，老二的伞又不知道卖给谁。悲伤肺，所以，弄得老太太的身体总是不理想，还哭得让人揪心。某一天，一位远方来做生意的人听说后，特地到老太太家跟她说：“您老真是好福气呀，你看，晴天您的大儿子为您赚钱，雨天您的小儿子为您赚钱，你呀，无论是天晴还是下雨都有钱赚哦”。老太太一想很有道理，便高兴起来，身体的不适也就渐渐地离她而去了。

这则故事可谓是悲喜交加的典型案例。从这里我们可以看出，即使是相同的事件，用不同的认知方式去对待，其对人身的影响不一样。我们知道，有一个概念是“中和”，但那是利用了物质的相互溶解性来实现的，这跟情志有什么关系呢？难道情志也可以“中和”，事实上就是如此。喜与悲看上去给我们的感觉更多的是势不两立，是一对冤家，如何用喜来胜悲、平和情志呢？

大家知道，悲在五声中对应的是哭，所以，一个人伤心的时候，大多会出现流泪和哭啼的现象。对于哭，我们前面已经提及，只要不过分，是可以帮助人们把一些不良情绪宣泄出来的。但你是否有这样的体会或者说观察到这样的一个情况，如果一个人在哭了一小阵的时候，如果有人一逗他们，大多时候他们会破涕而笑。小孩子大家不难理解，就是成人，实际上也相类似，或许很多幽默的丈夫大多有这样的体会。这实际上就是情绪的一种“中和”，大不了你的爱妻再言不由衷地说你几句“坏蛋，你真坏”之类的话题，事情就算是过去了。类似的事情在《医苑典故趣谈》就有记载，清代一位巡抚抑郁寡欢，家人请来名医为其治病，名医沉思良久，诊断的结果说巡抚患了“月经不调”。巡抚认为这个诊断荒唐可笑，一想起名医的诊断就大笑不止，于是心情逐渐好转。

1.一下雨，老大的生意就不好做，这可如何是好？

2.天气这么好老二的雨伞卖给谁去，真令人烦恼呀！

3.您老真是好福气,晴天您的大儿子为您赚钱,雨天您的小儿子为您赚钱。

4.对呀，无论是晴天还是雨天都有钱赚哦。呵呵……

喜到底是如何来中和悲的呢？《素问·举痛论》说“喜则气缓……喜则气和志达，荣卫通利，故气缓矣”。这里明确提出了“喜则气缓”之说，所谓的“气缓”指的是心气舒缓或和达。喜能使人精神兴奋，心情和达，气机通利。而悲呢？悲则气消，是指过度悲忧，可使肺气抑郁，意志消沉，肺气耗伤。又有“心气虚则悲，实则笑不休”之说，可见，二者在心气的虚实上相统一，故此二者具有了我们中和时候所说的“溶解性”，悲是心气之虚，而喜则为心气之实，一虚一实，一消一生。故二者相融而平和。

喜中和悲，这一点在研究中也已经被证实。科学发现，患同样病的患者，在相同的条件下，心情愉快的一方相对于心情忧郁者而言，恢复得要快很多。俄罗斯有一位名叫皮罗戈夫的解剖学家经过长期观察发现，在战场上胜利者的伤口比失败者的伤口要愈合得好。军队在退却或长期防御时，伤员在医院治疗的时间要长一些，而进攻特别是胜利时，伤员恢复健康的速度要快得多。身体的伤口如此，悲伤的情绪也相类似。可见，内心的高兴对于身体健康的影响是积极的，而且效果显著。

上面是从情志所引起的气机的升降运动来谈的，当然，中医情志相胜的基本理论，其最初来源于五行。在五行的配属里，喜属火，而悲配属的是金，大家都知道，火是可以融化金的，所以，如果过悲的时候，就需要用喜火来相克平定。这样看来，快乐在日常生活的过程中，能够有一个愉悦心情的作用，而在悲伤的时候又能够让人走出忧伤。故建议大家可以多看看喜剧，听听相声，让自己的生活多一些笑声，少一些悲哀和忧伤。此外，还可以多做一些运动，多参加一些活动，唱唱歌，打打球，转移注意力。

从令人伤悲的逆境中去拓展快乐吧。有两个人从铁窗朝外望去，一个人看到的是满地泥泞，而另一个人看到的却是满天繁星；再者，从残缺中拓展快乐吧，想想，弥尔顿失去了视力，但却从诗篇中找到了乐趣，贝多芬失去了听力，但却从音乐中寻回了欢乐……所以，有人从这个角度说“态度决定成败”，还有人用相类似的另一种方式解释说“思路决定出路”。

俗话说“笑一笑十年少”，可见，高兴只要不过不仅可以治疗我们心灵的创伤，还能帮助我们找回健康和美丽。

过思伤脾，木克土之怒胜思

大智会有若愚时，装傻很多时候是一种大智慧的表现。在久思伤脾的危险来临之际，让情志之怒遏制过思之心，则不仅是一种智慧，还是一种养生之道。

1.夫人常年不寐是思虑过甚所致。

2.先生有何妙方可治此病。妙方是有，不过需多花点银子，好酒好菜款待才是。

3.你这个只拿钱财不办事的庸医,你就是个骗子。

4.大怒汗出之后，是夜困眠。

《儒门事亲》记载说："一富家妇女，思虑过甚，二年不寐"，张子和采用"多取其财，饮酒数日不处法而去"，只拿钱财不办事，这在现在也是让人愤慨的事情，而张大夫也正是用此方法来故意激怒病人，结果，"其人大怒汗出，是夜困眠"。《续名医类案》也记载说：

韩世良治疗一位"思母成疾"的女病人时，叫女巫告诉患者，她母亲因女儿之命相克而死，在阴间准备报克命之仇。患者大怒，骂道："我出母病，母反害我，我何思之！"痛恨、怒骂亡母之后，女病人"病果愈"。还有一例，可作为一些家长朋友遇到书痴的时候尝试而行。《四川医林人物》记载说，有一个清代医家李建昂治一书生，该书生患病后独居暗室，不曾外出，而且久而久之不喜灯火，即使偶尔吃饭等出来走走，就病得更厉害。知道了这些情况之后，李大夫就取其所作文章，乱其句读，高声朗诵。书生闻之大怒，愤而夺过其文，面灯而坐，顿忘畏明之习；再与方药，一个疗程之后，病则痊愈了。前者据该妇心胸狭隘、富者尤多吝啬心理，受其财而不施治，即收怒胜思之效；后者针对书生洁身自高，不能忍受别人曲解其文的心态，乱读其文以激怒之而胜思郁之疾。这样的例子不胜枚举。

不仅是在古代，即使在现代社会，很多的企业也依然会利用这样的方法来调理情志。比如有的企业就设有情绪宣泄室，室内将那些下属心中的上司做成了橡胶模型，然后供下属在思而不解的时候，去猛烈打击，进而，让自己的身体被调动起来，同时，让影响自己身心健康的情绪被喷发出来，不淤积在心。这一点日本的一些企业做得比较好，当然，这种宣泄情绪的方法的建立和完善，从另一个角度也在说明他们国民的压力和思虑程度可能相对于其他一些国家更为突出。成年人如此办，那小孩子呢？我们发现一些颇懂得养生之道的家长朋友，会根据孩子的生理和年龄等特点，给他们制定一些劳逸结合的学习制度，在制度之内专心学习，自然不会受到任何的干扰，但如果在学习之外，而不会过多的强求对那些"思考题"的大量训练，甚至在孩子若有所思发呆的时候，还会用假怒的方式责问其在“想什么呢，一副发呆的样子”。从而避免了那种过度的思考对孩子身心造成的影响。

针对怒胜思，我们说，这是两种情志在一个人身上体现才能生效，并非是要治疗的人用怒去治疗过思的患者。即使治疗的人采取了怒的方式针对过思进行治疗，实际上，也是在无端中生怒以引导过思者生气，然后，利用其怒胜思，战胜思虑过度的人。就像上面我们举到的孩子的家长生气，实际上这是导引孩子生气，让孩子觉得委屈，认为“我本来认真学习，你凭什么生我的气，再说，我又没有做错什么坏事，也没有招惹你”，然后通过孩子自身的怒来抑制孩子自身由于过思造成的伤害。

最后，我们说以怒胜思是一个情志调理的有效方式，但，毕竟是过思出现的时候的一种近乎亡羊补牢的方法，所以，更多的是要我们在平时多修身养性，让自己保持一颗平常心，能更多地在前进的路上，面对名利的往来与穿梭，拥有一个顺其自然的心态，让内心多一份宁静，或许这不仅是无为而为的真谛，还是平平淡淡才是真的真义之所在。

过恐伤肾，土克水之思胜恐

恐伤肾，过度恐惧可令人惶惶不安、提心吊胆、二便失禁、遗精、腰膝酸软等。土克水，故可以采用说理开导等方法，使患者神志清醒，思维正常，理智地分析产生恐惧的原因，逐渐克服恐惧情绪。

所谓的思胜恐，思与恐五行相克关系，故忧思能克制恐慌。《素问·阴阳应象大论》：“恐伤肾，思胜恐。”王冰注：“深思远虑，则见事源，故胜恐也。”从五行相生相克的道理来看，恐为肾志，思为脾志，在五行之中，肾属水，脾属土，土能够克水，所以可用脾之志思，来治疗肾之志恐所导致的疾病。卢不远通过让病人深思，来认识分析恐死的症结，终于以思而治愈了他的“恐”病。

古代一个名叫沈君鱼的病人，整日害怕死亡，常感死期将临，后来找到了当时的名医卢不远诊治。卢不远便留他住在自己家里，病人觉得医生在身旁，便放心了许多。后来卢不远又介绍他去找和尚练习坐禅，经过一百余日的闭目沉思之后，病人的恐死心理终于消除。还有一个例子。有一个女主人，因为半夜突然出现了一伙强盗抢他们家东西，之后，这家女主人夜里一听到任何响声都非常害怕，一夜一夜不睡觉。张子和怎么给她治这病呢？就是她在屋子里的时候，张子和就用木棍敲她们家的窗户。第一次她害怕，然后再反复的敲，十几次之后，从表面上看，是她习惯了，但其实是棒棒敲在了这位女主人的心头，因为在一次次的清醒中，这位女主人渐渐意识恢复了，强盗不可能夜夜光顾，声响也远不是都属强盗所为，慢慢消除了恐惧与戒备心理，进而恢复了健康。

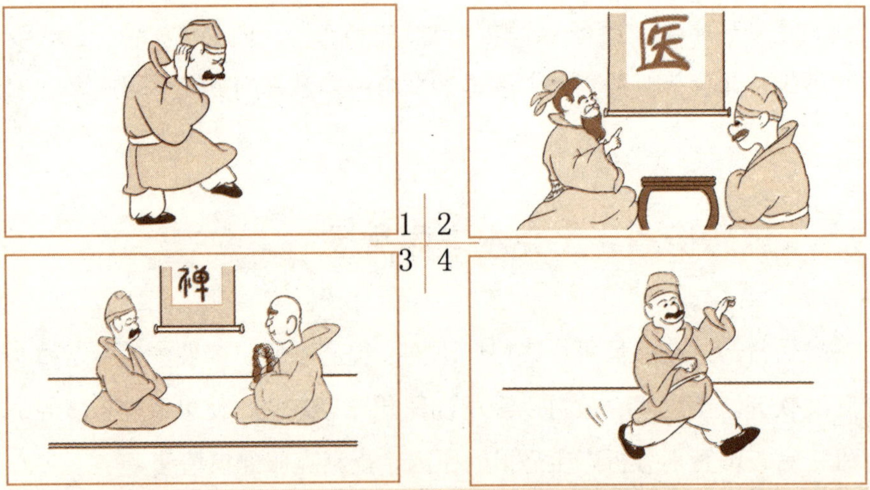

1.看来我大势已去，命不长矣。

2.你可在此留宿数日，再到庙里练习坐禅，疾病方可痊愈。

先生可要救我呀。

3.经过百余日的闭目沉思之后，病人的恐死心理终于消除。

4.我的病真的好了，卢大夫可真是神医呀。

可见，思虑是可以战胜恐惧的。就是你如果把问题想清楚了，一般来讲也就不害怕了。大家要记住，一定要把事情想清楚，不想清楚的话永远害怕。